러시아어권 의료관광 문화의 이해

본 과제(결과물)는 교육과학기술부의 재원으로 한국연구재단의 지원을 받아 수행된 광역경제권 선도산업 인재양성사업의 연구결과입니다.

러시아어권 의료관광 문화의 이해

| 박혜경 · 원석범 지음 |

小花

머리말

한국인들에게 의료와 관광은 몇 년 전까지만 해도 서로 아무런 상관이 없는 별개의 용어로 이해되었다. 병을 치료하는 의료와 자연과 문화를 즐기는 관광 사이에 어떤 연관성이 있을 수 있다는 생각조차 해보지 않았다고 해야 할 것이다. 그러나 2000년대 후반부터 정부의 보고서나 의료계, 언론 등을 통해 의료관광이라는 말이 사용되기 시작하였고, 그것이 이제는 일상적인 용어가 되었다. 사람들이 몸의 병을 치료하기 위해 더 나은 병원과 의료진을 찾을 뿐만 아니라 마음과 정신이 곧 몸과 하나임을 깨닫게 되면서 이왕이면 심신을 함께 치료하고 동시에 여가를 즐길 수 있는 방법을 찾기 시작하면서 의료관광은 새로운 투자 산업으로 각광을 받고 있는 것이다.

한국의 의료관광이 새로운 유망 산업으로 주목을 받고 있고 매해 성장 규모가 빠르게 증가하고 있지만 아시아 의료관광을 선도하고 있는 태국이나 싱가포르, 인도 등에 비해서는 인프라나 환자의 유치 등에서 아직 많이 부족한 상황이다. 2010년 외국인 환자 유치 현황을 살펴보면 태국은 156만 명, 싱가포르는 72만 명, 인도는 73만 명인 데 비해 한국은 8만 명 정도에 불과하다("의료관광 활성화 위해 외국인 환자 원내 조제 허용," 「의료관광뉴스」 2011. 6. 9). 세계 각국은 국제의료 서비스 시장 확대가 글로벌 사회에서 새로운 블루오션이라는 점에 주목하여 환자 유치를 위한 경쟁에 적극적으로 뛰어들고 있으며, 우리나라 보건복지부도 2011년 6월 제11차 경제정책조정회의에서 2015년까지 해외 환자 30만 명 유치를 목표로 의료관광을 활성화시키기 위한 대책을 발표하였다.

우리나라 의료관광의 주요 타깃 국가는 지리적으로 가까우면서도 의료 인프라가 부족하거나 의료비가 지나치게 비싼 중국, 일본, 러시아, 몽골, 중앙아시아 등이다. 중국이나 일본의 경우 이미 충분히 가시적인 성과를 거두고 있지만 나머지 국가들은 한국의 의료관광 현황에 대한 정보 부족으로 앞의 두 나라만큼 많은 환자들이 찾고 있지는 않다. 그러나 한 가지 긍정적인 사실은 이들 나라의 환자 수가 해마다 늘어나고 있다는 것이다. 2011년 환자 수를 보면 전년 대비 러시아가 1.9배, 중국 1.7배, 몽골 1.2배 등으로 환자가 늘어나고 있는데 (“의료관광 10만 명 시대 열렸다,” 「의료관광뉴스」 2011. 5. 31), 러시아와 몽골 등의 수가 빠르게 늘어나고 있음을 확인할 수 있다.

이처럼 한국의 의료관광 산업 규모가 매년 확대되고 있는 가장 큰 이유는 한국의 의료기술 수준이 의료선진국과 비교해 크게 차이가 나지 않는다는 점일 것이다. 그러나 그에 못지않게 개선되어야 할 점도 많은 것으로 드러나고 있다. 의료기관을 대상으로 한 설문조사의 결과 환자 유치와 홍보를 위한 네트워크 강화가 절실하며, 병원들은 전문 통역사 및 의료코디네이터를 서둘러 확보해야 할 필요성이 지적되었다(김우종 · 최용민, “우리나라의 의료관광 추진현황과 성장전략,” 「국제무역연구원 연구보고서」 2010. 5. 24). 본 교재는 이러한 필요성에 따라 통역사나 코디네이터뿐만 아니라 의료진들에게도 도움이 될 정보를 제공하기 위해 집필되었다.

『러시아어권 의료관광 문화의 이해』는 러시아어권 국가들의 의료 실태 및 현황처럼 의료와 관계된 직접적인 정보는 물론, 각국의 역사와 문화, 사람들의 특징 등 다양한 정보를 제공하고 있다. 외국인 의료관광객을 위한 통번역 및 코디네이터 등 의료관광 전문가들은 보다 나은 서비스를 위해서 환자들을 문화적으로 이해하려는 노력이 반드시 필요하기 때문이다. 공항 입국에서 병원 입원, 치료, 퇴원, 출국까지 환자들을 완벽하게 케어하고 관광상품까지 결합하여 제공하기 위해서는 훌륭한 치료뿐만 아니라 환자들의 개성이나 특징, 특히 문화별, 종교별 특이점에 대한 이해가 선행되어야 한다. 이러한 요구에 따라 이 책에서는 각국의 다양한 문화를 소개하는 데 일정 부분을 할애하고 있다.

러시아어권이라 하면 러시아를 비롯하여 소비에트 시대 때 러시아어를 공용어로 사용하던 구소련 국가들을 의미하는데, 이 책에서는 몰도바를 제외한 14개 국가를 다루고 있다. 몽골은 소비에트 연방은 아니었지만 러시아어 문자를 채용하여 사용하고 있기 때문에 러시아어권 국가에 포함시켰다. 이들 나라가 모두 우리나라 의료관광 산업의 주요 타깃 국가는 아니다. 러시아만 해도 전체 국민이 아니라 극동지역 주민들을 대상으로 우리의 의료관광 현황에 대한 정보를 적극적으로 제공해야 한다. 상대적으로 거리가 먼 유럽 러시아 지역은 극동지역만큼 한국의 의료관광에 대한 수요가 높지 않을 것이다. 구소련 국가들 중에서는 중앙아시아, 특히 경제적으로 빠른 성장을 보이고 있는 카자흐스탄이 우리의 주요 타깃 국가이다. 그럼에도 불구하고 이 책에서 러시아어권 국가들 모두를 다루고 있는 것은 의료관광 산업이 확대되어 가는 과정에서 추후 수요가 늘어날 것에 대한 대비를 미리 해야 하기 때문이다. 구소련 국가들은 현재 모두 독립국으로서의 지위를 누리고 있지만 오랜 시간 동안 러시아와 하나의 정치, 경제 공동체를 이루어 왔기 때문에 상호 간에 어떤 식으로

든 유대관계를 맺을 수밖에 없다. 현재 러시아와 중앙아시아가 의료관광 산업의 타깃 국가라면 나머지 국가들도 그 연장선상에서 논의되어야 한다.

이 책은 크게 7개의 장으로 구성되어 있다. 1, 2, 3장에서는 슬라브 3국인 러시아, 우크라이나, 벨라루스를 개별적으로 소개하고 있으며, 4장에서는 카자흐스탄, 우즈베키스탄, 키르기스스탄, 타지키스탄, 투르크메니스탄을 포함하는 중앙아시아 5국, 5장에서는 그루지야, 아르메니아, 아제르바이잔을 포함하는 캅카스 3국, 6장에서는 에스토니아, 라트비아, 리투아니아를 포함하는 발트 3국, 7장에서는 몽골을 다루었다. 각 장은 다시 2개의 단락으로 나뉘어 있는데, 1부에서는 국가 개요와 역사, 가족, 여성 문제, 교육, 축제 등 다양한 문화와 전통을 소개하고 있으며, 2부에서는 각국의 의료 현황, 기대수명, 질병, 주요 사망 원인, 보건 개혁 등 보다 구체적인 정보를 제공하고 있다.

교과목 및 교재개발 과정에서 현장 요구사항을 반영하고자 강릉아산병원 의료관광센터 최종민 매니저, 한림대학교 춘천성심병원 대외협력실 러시아권 해외마케터 윤승병 씨와 수차례 간담회를 가졌다. 이분들은 통번역사 및 코디네이터들에게 의료통역 업무 외에 다양한 국가에서 온 환자들을 문화적으로 이해하고 대하는 것이 매우 중요함을 주지시켜 교재의 방향성을 제시해 주었다.

또한 의료관광 통번역사 직무분석에서 현행 교과목의 내용분석을 실시하여 교재를 만드는 과정에 수용하였다. 러시아권 의료관광 문화의 이해 과목은 상대적으로 잘 알려져 있지 않은 러시아권 국가들을 대상으로 하고 있는 과목으로 다양한 민족과 문화가 공존하고 있는 구소련 국가들의 개황 및 문화 전반과 보건 현황에 대해 심도 있게 소개하는 데 초점을 맞추고 있다. 이 수업에서의 자료와 내용을 분석하여 교재 개발에 사용함으로써 현장에서 보다 필요한 교재가 될 수 있도록 하였다.

2012년 1월

박혜경 · 원석범

차례

I. 러시아(Russian Federation)

I. 러시아(Russian Federation)

수도	모스크바
종족구성	러시아인 79.8%, 타타르인 3.8%, 우크라이나인 2%, 바슈키르인 1.2%, 추바슈인 1.1%, 체첸인 0.9%, 아르메니아인 0.8%, 기타 10.4%
공용어	러시아어
종교	러시아 정교(15~20%), 이슬람교(10~15%), 그 외 그리스도교(2%)
통화	루블(ruble)

1. 러시아의 문화

1) 개요

러시아는 유럽과 아시아 대륙에 걸쳐 펼쳐져 있으며 14개의 국가와 국경을 접하고 있는 세계에서 가장 넓은 영토를 가진 나라이다. 인구는 1억 4천 3백만 명으로 전 세계 8위를 차지하고 있지만, 광대한 영토 덕분에 인구밀도는 세계 210위를 밑도는 인구희박 지역이기도 하다. 물론 현재의 러시아가 처음부터 이렇게 넓은 지역을 차지한 것은 아니다. 동슬라브인이 주축이 되어 루시 공국을 키예프 지역에 건설한 때가 9세기경이지만, 여러 개의 슬라브 공국들 중에서 대표 공국이라는 점을 제외하면 도시국가로서의 틀을 크게 벗어나지 못했다. 키예프 루시가 본격적으로 문명국가의 틀을 갖추기 시작한 것은 988년 비잔틴 제국으로부터 정교를 수용하면서부터이다. 이후 13세기 중엽에서 15세기 말까지 몽골의 지배를 받으며 국가 존립에 상당한 타격을 입기도 했지만, 18세기까지 러시아는 군사력을 통해 주변 국가들을 정복, 합병하고, 러시아 상인들의 시베리아 진출 등을 통해 현재와 같은 광대한 영토의 러시아 제국을 만들어 냈다. 20세기 초에는 볼셰비키 혁명을 통해 전 세계 최초의 공산주의 국가를 탄생시켰으며, 거의 한 세기를 전 세계 공산주의 국가들의 종주국으로서의 역할도 했다. 1991년 소련이 해체되고 러시아 연방 공화국으로 재탄생한 이후 심각한 경제적 위기를 겪기도 했지만 현재는 경제 규모가 전 세계 11위를 차지할 정도로 빠르게 성장하고 있다.[1)]

2) 종교

러시아인들의 정신세계를 이해하는 데 있어 절대로 빼놓을 수 없는 것이 그들의 종교에 대한 태도이다. 넓은 맥락에서 러시아는 기독교 문명에 속해 있지만, 그들이 정교를 수용하는 과정에서 확립된 정치와 종교의 깊은 상관성은 현재까지도 러시아인들의 종교적 정체성을 설명하는 주요 단서가 되고 있다. 10세기 말 블라디미르 대공의 결정에 의해 수용된 동방 정교는 20세기 초 볼셰비키 혁명 이전까지 천년 동안 러시아인들의 의식과 도덕, 정신성을 규정하는 가장 중요한 가치 체계였으며, 정교에 대한 이해 없이 러시아인들의 삶과 문화를 이해하는 것은 거의 불가능할 정도이다. 70여 년간의 소비에트 무신론의 시대조차도 러시아인들의 종교적 열망을 완전히 차단시키지는 못했으며, 소비에트 해체 직후 러시아 각지에서 가장 활발하게 복원 작업이 벌어진 곳도 교회나 수도원이었다. 정교 교회는 종교를 가르치거나 사회사업을 하고 자신들의 교회를 소유할 수 있는 자유를 얻게 되면서 러시아인들에 대한 자신들의 영향력을 빠르게 확산시켜 나갔다. 교회는 발 빠르게 주교관구와 수도원, 신학교의 수를 늘려가면서 러시아인들의 삶에서 잃어버렸던 자리를 되찾기 위한 노력을 기울였다.

실제로 많은 러시아인들은 스스로를 정교도라고 생각하고 있다. 실질적으로 교회를 찾아 예배를 드리는 사람들의 수는 그다지 많지 않지만 러시아인들에게 삶과 종교는 분리불가분하게 연결되어 있으며, 그들의 의식 속에 러시아는 정교도 국가라는 개념이 너무 깊이

1) 러시아 문화에 대해서는 Schultze, Sydney, 2000, *Culture and Customs of Russia*, Westport: Greenwood Press, pp.23-76과 http://en.wikipedia.org/wiki/Russia를 참조하였음.

새겨져 있어서 러시아인들에게 정교도가 된다는 것은 당연한 일로 여겨진다. 모스크바의 크렘린에서 시베리아의 작은 교회들까지 금빛이나 은빛으로 화려하게 빛나는 크고 작은 돔의 교회들을 쉽게 목격할 수 있다.

러시아인들에게 있어 종교의 생활화는 많은 곳에서 발견되지만, 그중 몇 가지만 예를 들어보자. 그들은 유아기에 침례를 통한 세례를 받는다. 러시아인들의 이름 중 같은 이름이 많은 것은 성자들의 이름을 따라 짓기 때문이다. 생일 못지않게 명명일을 기념하는 행사가 러시아의 오랜 전통이 된 것은 바로 이러한 이유에서이다. 결혼식 역시 볼셰비키 혁명 이전까지는 교회에서 치러졌으며, 결혼식에서 신부와 신랑이 금과 은으로 된 왕관을 쓰는데, 이는 자기희생과 기쁨을 상징하는 것이다. 또한 두 사람이 함께하는 새로운 삶을 상징하기 위해 와인을 나누어 마신다. 종교적으로 피임은 허용되지만, 낙태는 허용되지 않는다.

러시아는 헌법으로 종교의 자유를 인정하고 있으며, 이에 따라 정교 이외에도 이슬람, 침례교, 제7일 안식일 예수재림교, 복음주의, 구교도, 가톨릭, 크리슈나교, 불교, 유대교, 루터교 등 많은 종교가 활동을 하고 있다. 러시아인들은 또한 정교 수용 이전의 민속신앙 전통에 따라 기독교 밖에서 영적인 길을 탐색하기도 하는데, 의외로 많은 러시아인들이 타로카드나 수정구슬, 향을 사는 것을 보고 놀라게 된다. 점성술에 대한 러시아인들의 사랑 역시 유별나다. 점성술을 통해 그들은 개인의 성향이나 바이오리듬을 판별하기도 하고 사랑이나 건강 등의 문제와 관련하여 결정을 내리는 데 도움을 얻기도 한다.

러시아인들은 운명의 유혹을 피하기 위해 미신에 의지하는 경우가 많다. 그들은 생일과 같은 좋은 일이 있기 전에 먼저 축하를 하지 않는데, 그러면 운명이 그 사람을 해친다고 믿기 때문이다. 유럽인들과 마찬가지로 검은 고양이, 쏟아진 소금, 깨진 거울 등은 불행한 일의 전조라고 생각한다. 여행을 떠나는 사람이 문을 나서기 전에 나머지 가족들과 잠시 동안 식탁에 앉아 있다가 출발하는 독특한 관습도 있다. 그들은 이렇게 해야 여행을 하는 동안 문제가 생기지 않는다고 믿는다.

3) 결혼과 여성

러시아 하면 가장 먼저 떠오르는 것이 자연의 혹독함이다 보니 사람들이 러시아에 대해 가지는 오해 중의 하나가 러시아는 농사를 전혀 지을 수 없는 척박한 땅으로만 이루어져 있다는 것이다.

그러나 소비에트 이전 러시아의 주력 경제는 농업이었으며 러시아인 대부분은 농민이었다. 농경사회에서 결혼은 필요한 노동력의 확보로 인식되었으며, 특히 가부장제 가족 전통 하에서 결혼은 남자 집안이 여성 노동력을 얻을 수 있는 기회로 여겨졌다. 그래서 그들은 결혼하면 여자가 남편의 집으로 들어가 사는 것을 당연하게 생각했다. 결혼을 하면 남자 집에서는 노동력을 얻는 것이지만, 여자 집에서는 잃는 것이므로 사람들은 딸보다는 아들을 선호했다.

결혼식은 주로 정교 교회에서 치러졌다. 식이 끝난 후 하객들은 주인이 준비한 음식과 술을 먹고 마시며 신랑 신부를 축하하고, 환대의 표시로 빵과 소금을 신혼부부에게 선물했다. 결혼 후에도 신부는 완전한 가족의 구성원으로 받아들여지지 못하다가 아이를 낳은 후에야 가족으로 인정받았다.

1917년 볼셰비키 혁명 이후 여성들은 남성과 동등한 권리를 획득했다. 여성 참정권이 허용되고, 직장 내에서 남성들과 차별받지 않을 권리를 얻었으며, 동일노동, 동일 임금을 보장 받았고, 교육의 기회도 남성들과 동등하게 주어졌다. 혁명 전 여성은 반드시 아버지의 허락이 있어야만 결혼을 할 수 있었지만, 이제는 자신들의 의지에 따라 배우자를 선택하고 결혼을 할 수 있는 자유를 얻었다. 결혼식도 더 이상 교회가 아닌 관청에 신고만 하면 될 수 있도록 간소화되었다. 혁명 직후 공산주의 정부는 결혼식을 종교적인 행사가 아니라 시민적인 의식으로 바꾸었다. 신랑 신부는 교회에 가지 않고 작스(Zags)라는 결혼등록소에 가서 혼인신고를 하는 것으로 대체되었다. 결혼식 후에는 전쟁 기념관이나 무명용사의 무덤 앞 꺼지지 않는 불을 찾아가거나 레닌 묘를 방문하여 꽃을 바치는 의식이 관례적으로 이어졌다. 공산주의가 몰락한 후에는 교회 결혼식이 다시 인기를 끌기 시작하여 신랑 신부는 먼저 작스에서 공식적으로 혼인신고를 하고 교회를 찾아가 식을 올리는 경우가 많아졌다.

결혼식을 올린 신랑 신부는 혁명 이전에는 신랑의 집으로 들어가 살았다. 남자들은 들판에 나가 일을 하거나 말을 돌보고 여자들은 집안일이나 아이들을 양육하며 요리를 하고 옷을 만드는 일을 했다. 이처럼 서로 하는 일이 구분되어 있었음에도 불구하고 여성은 남성에 비해 이중 삼중의 고통을 겪었다. 집안에서의 삶은 농촌 여성들에게는 힘든 일이었다. 그들은 힘들게 일을 해야 했을 뿐만 아니라 남편에게 학대를 당하는 경우도 많았다. 남편들은 아내가 복종을 하지 않거나 그들을 즐겁게 하지 않으면 아내에게 폭력을 쓰는 일도 많았다. 특히 보드카를 마신 후에는 더 폭력적이 되었다.

1917년 혁명의 주요 목표 중의 하나가 여성을 남편의 학대나 사회에서의 낮은 지위로부터 해방시키는 것이었다. 그들은 남성들과 동등한 존재로 인정받았으며 자신들의 의지대로 직업이나 거주지를 선택할 수 있도록 허락받았고, 남편의 의지와 상관없이 자신의 성을 사용할 수 있게 되었다.

사회주의 건설자로서 여성들은 남자들이 차지하고 있던 직업의 영역까지 진출했다. 그러나 이것은 농촌 여성들의 삶을 크게 변화시키지 못했다. 그들에게는 들판이나 농장에서 일을 하는 것 외에 대안이 별로 없었기 때문이다. 또한 변혁의 초기에는 남성과 여성 모두 이러한 변화에 저항을 했다. 여성들은 수입을 관리하고 집에서 법적인 평등을 얻을 수 있게 되었지만, 관습적으로는 여전히 남성이 집안의 가장으로 받아들여졌다. 도시 여성들의 경우에는 남성들의 직업영역에 진출할 수 있는 기회가 상대적으로 많았다. 그러나 여성들은 직장과 가사 및 육아라는 삼중고에 시달렸다. 공산주의 정부는 탁아소나 공동 부엌 등을 통해 여성들을 고된 노동으로부터 해방시키려 해보았지만 모든 수요를 충족시키기에는 탁아소 시설이 충분하지 않았으며, 여성들도 탁아소보다는 스스로 양육하는 것을 더 선호했다. 또한 국가 정책 자체가 여성들의 해방이나 인권 신장을 목표로 한 것이 아니라 소비에트 국가 건설에 필요한 더 많은 노동력을 확보하기 위해 여성을 가정 일에서 해방시키려 한 것이기 때문에 실제로 가정 내에서 남편과 아내의 역할이나 가족 간의 갈등에 대해서는 문제조차 삼지 않았다.

그러나 전반적으로 공산주의 시대에 러시아 여성들은 다른 나라 여성들에 비해 한결 유리한 삶을 살고 있었던 것은 분명하다. 예를 들어 1960년대 미국 여성들이 쉬운 이혼, 낙태의 권리, 전문직에의 참여, 교육기회, 평등권을 법으로 보장해 달라고 요구하고 출산 휴가 등을 얻기 위해 투쟁하고 있을 무렵 러시아 여성들은 상당 부분 이러한 권리를 이미 획득한 상태였다. 반면 러시아 여성들은 미국이나 유럽 여성들의 삶을 편하게 해주던 생활 편의시설은 별로 가지지 못했다. 그들 중 자동차, 세탁기, 식기세척기 등을 가진 사람은 거의 없었다. 미국과의 군비 경쟁이나 우주 산업 등에 천문학적인 돈을 쏟아 붓고 있던 소련 정부는 국민들의 기초적인 생활에 필요한 편의시설 제공에는 신경을 쓸 여유가 없었으며, 여성들은 법적, 공식적으로는 지위가 향상되었지만 실질적으로는 안팎으로 힘든 노동을 강요받고 있었다. 러시아에서는 남녀평등을 위한 여성들의 대규모 노력도 이루어지지 않았다. 많은 러시아 여성들은 사회에서의 더 높은 지위를 얻으려는 노력 대신 더 많은 여가시간과 질 좋은 상품을 원했다.

많은 결점에도 불구하고 공산주의 체제는 남녀평등의 개념을 확립시켰다. 그러나 공산주의의 몰락 이후 여성들은 경제적 위기 속에서 더 큰 타격을 받았다. 절대적인 일자리 부족의 상황에서 쉽게 추측할 수 있듯이 직장에서 먼저 내몰린 것은 여성들이었다. 여성들을 절망적인 상태에 빠뜨리며 그들의 자리를 남성들이 대체하기 시작했고, 그 결과 1990년대 초 모스크바와 페테르부르크 같은 대도시 실직자의 5분의 4는 여성이었다. 남녀 간의 급여 차이도 커져서 90년대 초반 여성이 받는 평균 임금은 남성의 75%에 불과했다. 90년대 중반에는 차이가 더 커져서 남성 임금의 40%에 불과했다.[2] 보통의 여성들뿐만 아니라 소비에트 시대 정치가나 관료로 활동하던 엘리트 여성들조차 이러한 상황에서 예외일 수가 없었다. 1991년 이후 정부의 여성 참여율은 떨어지기 시작했으며, 정치가나 정치평론가들은 여성이 정치에 부적합하며 정부에 필요한 분석 능력이 떨어진다고 묘사하였다. 더 큰 문제는 여성들 자신이 보여 준 수동적인 태도였다. 시드니는 자신의 책에서 그들이 새로운 차별에 맞서 싸우는 대신 부드러움과 동정심, 자기희생 정신을 여성의 주요한 덕목이라고 생각했으며 페미니즘이나 정치적 행동 같은 것에는 매력을 느끼지 못했다고 지적하고 있다.[3]

4) 축일

농경사회답게 러시아의 많은 축일은 농사와 관련되어 있다. 농업은 러시아가 정교를 수용하기 이전부터 슬라브인들의 삶과 문화에 깊은 영향을 미쳤으며, 따라서 정교로 개종한 이후 이들의 축일은 자연스럽게 고대 이교도 관습과 정교 달력의 혼합이라는 특징을 띠게 되었다. 이들 중 많은 고대의 축일들은 소비에트 시대 소멸되거나 세속적인 축일로 변경되었지만 몇몇 대표적인 과거의 전통들은 공산주의의 몰락 이후 활발하게 회복되고 있다. 그 중 몇 가지를 살펴보자.

한 해는 큰 축일로 시작된다. 물론 다른 나라들에서와 마찬가지로 새해의 시작은 화려하고 다채로운 행사로 축하되지만, 일반적인 기독교 국가들과는 달리 러시아 정교에서는 1월에 크리스마스가 있다는 것이 특징적이다. 이것은 러시아가 볼셰비키 혁명 이전까지 유럽보다 날짜가 13일 늦은 구력을 사용하였기 때문에 생긴 일로 그들이 기념하는 12월 25일은 러시아 역법에 따르면 1월 7일이 된다. 공산주의 기간 동안에는 모든 종교적인 행사나 축일을 인정하지 않았기 때문에 크리스마스 역시 공식적으로는 축하될 수 없었으며, 점차 새해 첫날을 기념하는 행사와 합쳐졌다. 현재 러시아의 크리스마스는 정교 교회가 구력을 포기하지 않았기 때문에 여전히 공식적으로는 1월 7일이다. 축제 시즌은 12월부터 이미 시

2) Sydney Schultze, p.44.
3) Ibid.

작되어 사람들은 이때부터 새해와 크리스마스를 맞이할 준비를 한다. 그들은 욜카라고 불리는 전나무를 사서 다양한 동물이나 공, 광대, 눈사람 등으로 장식을 한다. 러시아에 크리스마스 트리가 처음 소개된 것은 18세기 표트르 대제 시대에 독일에서 관습이 수입된 이후였다.

새해 전날 밤 가족들은 집에 모여서 풍부하고 화려한 식사를 즐긴다. 먼저 애피타이저로 시작해서 수프를 먹고 메인 요리와 디저트를 먹는다. 한 사람씩 돌아가며 건배를 제의하고 그에 맞추어 사람들은 차나 커피, 보드카, 와인, 샴페인 등을 마신다. 새해를 맞이하는 오래된 관습 중의 하나로 점을 치는 것이 있다. 전통적으로 소녀들은 찻잎이나 카드, 물에 떨어진 양초의 모양을 통해 자신들이 언제 결혼할지, 얼마나 오래 살지 등을 점친다. 정교 교회는 이러한 관습을 못마땅하게 생각했지만, 오랜 세월 동안 정교와 민속신앙의 자연스러운 융합 속에서 삶을 이어 온 러시아인들은 점치기를 통해 자신들의 미래를 들여다보거나 운세를 확인하고 싶어 한다. 크리스마스인 1월 7일에는 종교 축일답게 집에서 가족이나 친척들과 식사를 하며 조용히 보낸다.

3월 8일은 여성의 날로서 이날 러시아 여성들은 남자들에게서 선물, 꽃, 카드, 초콜릿 등의 선물을 받는다. 길거리에서는 아름답게 차려입은 여성들이 손에 꽃다발을 들고 걸어 다니는 모습을 자주 목격하게 된다. 집에서는 남편들이 하루 동안 식사 준비, 세탁, 설거지 등을 하며 아내의 가사 일을 대신하기도 한다. 러시아 여성들은 1년 중 364일은 남성을 위해 봉사를 하므로 이날 하루 동안만은 공주나 왕비처럼 대접을 받을 자격이 있다고 생각한다.

2월 말이나 3월 초에는 정교회의 축일이자 봄을 맞이하는 가장 대표적인 축제인 마슬레니차가 있다. 이 축일은 사순절 전 8번째 날에서 시작하여 8일 동안 이어진다. 마슬레니차라는 말은 러시아어로 버터를 뜻하는 마슬로에서 유래되었다. 러시아인들은 블린이라 불리는 러시아 팬케이크를 먹으며 이날을 기념한다. 블린은 태양을 상징하는 둥근 모양의 밀가루 반죽으로, 그 안에 버섯이나 캐비아 등을 싸서 먹을 수도 있고, 꿀이나 잼, 스메타나(사워크림)를 뿌려 먹을 수도 있다. 다른 축일들과 마찬가지로 마슬레니차 역시 이교도 전통에 기원을 두고 있다. 혁명 이전 러시아인들은 이 기간 동안 흥겨운 잔치, 모닥불, 썰매타기, 얼음 미끄럼, 패싸움 등 다양한 놀이를 즐기며 즐거운 시간을 보냈다. 소비에트 기간 동안 중단되었던 마슬레니차 축제는 현재 러시아에서 가장 활발하게 복원되고 있는 러시아 축일 중 하나가 되었다.

혁명 이전 정교 교회의 가장 중요한 축일은 부활절이었다. 부활절 역시 소비에트 시기에 중단되었다가 현재 다시 공개적으로 축하되고 있다. 부활절의 가장 대표적인 음식은 치즈 케이크의 일종인 파스하(파스하는 부활절을 뜻하는 러시아어다)와 높고 둥근 케이크 모양의 빵 쿨리치이다. 달걀에 그림을 그리는 것 역시 부활절의 전통이다. 7월 7일은 이반 쿠팔라의 날로서 역시 고대의 축일이었다가 기독교 수용 이후 세례 요한 축제와 결합되었다. 이반은 요한의 러시아식 표현이다. 쿠팔라가 목욕을 하다라는 러시아어 쿠파티에서 파생되었고, 세례 역시 본래 물로 이루어지듯이 이반 쿠팔라의 날에는 물과 관련된 행사가 많다. 사람들은 강에 들어가 수영을 하고 강 주변에서 약초를 모으기도 하며, 모닥불을 피워 놓고 그 위를 뛰어넘는 놀이를 하기도 한다. 이것은 모두 몸과 마음을 정화하고 사악한 영혼으로부터 스스로를 보호하기 위해서이다.

소비에트 시대 이후 중요한 의미를 갖게 된 기념일들도 있다. 5월 1일은 국제 노동의 날로서 공산주의 시대의 주요한 축일이었다. 5월 9일은 제2차 세계 대전에서 소련군이 독일에 대해 승리를 거둔 날을 기념하기 위해 제정되었다. 11월 7일은 공산주의 혁명의 승리를 기념하는 날로 소비에트 시대에는 주요 축일이었지만, 공산주의나 사회주의가 더 이상 의미가 없어진 현재는 '국민 단합과 화해의 날'로 이름이 바뀌었다.

5) 음식

주거 환경이나 복식 못지않게 음식 역시 기후의 영향을 강하게 받는다. 러시아 음식은 전통적으로 북쪽의 척박한 환경과 추운 기후 탓에 간단하다는 특징이 있다. 다양한 맛이나 향을 음미하기 위해서라기보다는 생존을 위한 음식을 준비하는 경우가 더 많았다고 할 수 있다. 여름이 짧기 때문에 과일이나 채소를 소금이나 설탕에 절여 길고 추운 겨울 동안 보관하는 방법을 사용하였다. 러시아 사람들은 양배추, 버섯, 온갖 종류의 열매들을 보관해 두었다가 파이나 수프 등을 만드는 데 사용하곤 한다. 잘게 썬 양배추를 식초에 절인 양배추 김치는 러시아의 대표적 음식 중 하나인 양배추 수프 쉬를 만드는 데 사용된다. 사람들은 쉬와 함께 빵이나 메밀, 카샤(죽)를 먹는다.

종교 역시 음식에 중요한 역할을 했다. 정교는 1년의 반 이상을 금식하도록 강요했다. 러시아인들은 부활절 전 7주, 크리스마스 전 40일, 8월의 성모 승천일 축제와 7월 베드로와 바울 축제 이전의 얼마 동안 금식을 해야 했다. 금식기간 동안 사람들은 육류, 즉 고기, 달걀, 유제품 등을 먹을 수 없었으며, 이런 이유로 러시아 사람들은 고기 대신 과일, 야채, 생선이 들어간 음식을 많이 개발했다.

모스크바 공국과 제정러시아 시대 지속적인 영토 확장의 결과 피정복 지역, 특히 중앙아시아와 캅카스의 음식들인 쌀, 양고기, 케밥 등이 소개되기도 하였다. 표트르 대제의 서구화 정책 이후에는 유럽의 요리사들을 초빙하는 경우가 많았는데, 이를 통해 유럽의 다양한 음식들이 러시아에 소개되었고, 그중에서도 프랑스 요리가 대표적이다.

러시아의 요리가 다른 나라에 영향을 준 경우도 있다. 캐비아와 보드카가 대표적이며, 그 외에도 붉은색 무로 만든 수프 보르시와 비프 스트로가노프 등이 있다.

2. 러시아의 의료 현황

Total population	140,874,000
Gross national income per capita(PPP international $)	15,460
Life expectancy at birth m/f(years)	62/74
Probability of dying under five(per 1000 live births)	12
Probability of dying between 15 and 60 years m/f(per 1000 population)	391/144
Total expenditure on health per capita(Intl $, 2009)	1,038
Total expenditure on health as % of GDP(2009)	5.4
Figures are for 2009 unless indicated.	

Source: Global Health Observatory.

Population data in thousands								
	2010	2009	2008	2007	2006	2000	1990	1980
Total population	140,367	140,874	141,394	141,941	142,530	146,670	148,065	138,655
Live births	1,568	1,559	1,545	1,528	1,509	1,342	2,002	2,281
Surviving infants	1,551	1,541	1,527	1,509	1,489	1,316	1,957	2,217
Pop. less than 5 years	7,584	7,491	7,389	7,275	7,145	6,465	11,536	10,676
Pop. less than 15 years	21,011	20,871	20,808	20,871	21,123	26,685	34,027	30,018
Female 15-49 years	36,978	37,597	38,208	38,775	39,253	39,657	35,960	36,706

United Nations, Population Division, The World Population Prospects—the 2008 revision, New York, 2009.

1) 기대수명(Life expectancy at birth)

2009년 러시아 남성의 기대수명은 62세, 여성은 74세였다. 출생 시 기대수명은 68세로 유럽연합(EU)과 미국 전체 평균 수치보다 약 11년 정도 짧다. 노동연령 남성의 평균수명에 영향을 끼치는 가장 큰 요인으로는 알코올 중독, 스트레스, 흡연, 교통사고, 강력 범죄 등을 들 수 있다. 러시아 남성들의 사망률은 1991년에 비해 60%나 증가하여 유럽 평균보다 4~5배 높다. 러시아의 경우 남성과 여성의 평균수명의 큰 차이와 세계 다른 어떤 국가보다 많은 사상자를 가져온 제2차 세계 대전 등의 영향으로 인한 성 불균형(여성 1명당 남성 0.859명) 현상이 오늘날까지 계속되고 있다.

2) 주요 사인

2008년 러시아 전체 사망의 57%인 1,185,993명의 사인은 심혈관질환이다. 두 번째 14%, 289,257명의 주요 사인은 암이다. 자살(1.8%), 교통사고(1.7%), 살인(1.1%), 알코올 중독(1.1%), 우연한 익사(0.5%)와 같은 외부 요인에 의한 사망은 11%로 244,463명의 생명을 앗아갔다. 다른 주요 사인으로는 소화기질환(4.3%), 호흡기질환(3.8%), 전염이나 기생충병(1.6%), 결핵(1.2%) 등이다. 2008년 유아 사망률은 2007년에 비해 1,000명당 9.6명에서 8.5명으로 감소하였다. 소련 해체 이후 특히 형무소 입소자들 사이에 유행한 결핵이 꾸준히 증가하고 있는 특징도 보이고 있다.

특히 1990년부터 2001년 사이 15세에서 54세 사망의 절반 이상(52%)이 알코올에 기인하고 있다고 조사되고 있는데, 이는 전 세계 인구 사망률의 4%에 해당한다.

Ten leading disability groups as percentages of total disability-adjusted life-year(DALYs) for both sexes in the Russian Federation(2002)

Rank	Males		Females	
	Disability groups	Total DALYs(%)	Disability groups	Total DALYs(%)
1	Cardiovascular diseases	26.1	Cardiovascular diseases	31.2
2	Unintentional injuries	20.6	Neuropsychiatric conditions	16.5
3	Neuropsychiatric conditions	11.6	Unintentional injuries	9.3
4	Intentional injuries	11.5	Malignant neoplasms	9.3
5	Malignant neoplasms	6.9	Digestive diseases	5.1
6	Infectious and parasitic diseases	6.5	Sense organ diseases	4.9
7	Digestive diseases	4.3	Musculoskeletal diseases	4.9
8	Sense organ diseases	2.4	Intentional injuries	3.7
9	Respiratory diseases	2.4	Infectious and parasitic diseases	3.2
10	Musculoskeletal diseases	1.8	Respiratory diseases	2.3

Source: Background data from WHO(2003c).

Ten leading risk factors as causes of disease burden measured in disability-adjusted life-year(DALYs) in the Russian Federation(2002)

Rank	Males		Females	
	Risk factors	Total DALYs(%)	Risk factors	Total DALYs(%)
1	Alcohol	22.8	High blood pressure	19.6
2	Tobacco	20.5	High cholesterol	12.7
3	High blood pressure	14.1	High BMI	10.7
4	High cholesterol	12.0	Low fruit and vegetable intake	7.0
5	High body mass index(BMI)	7.1	Alcohol	6.8
6	Low fruit and vegetable intake	7.0	Physical inactivity	5.2
7	Physical inactivity	4.3	Tobacco	2.5
8	Illicit drugs	2.7	Unsafe sex	1.8
9	Occupational risk factors for injuries	1.3	Illicit drugs	1.3
10	Lead	1.2	Lead	0.9

Source: Background data from WHO(2003c).

(1) 심혈관질환

심혈관질환은 2008년 러시아 인구 전체 사망률의 57%를 차지할 만큼 주요 사인으로 분석되고 있다. 심혈관질환에 의한 사망의 절반 이상은 허혈성 심장질환에 기인하며, 40%는 심폐질환이다. 심혈관질환에 의한 사망률은 유럽 선진국[4)]들에 비해 3.5배 높은 수치를 보이고 있으며, 특히 러시아 남녀 45~59세의 사망률은 무려 7배 높고, 30~44세 남성의 경우는 10배 높은 수치를 보이고 있다.

(2) 암

2008년 암에 의한 사망률은 14% 정도로 유럽 선진국들과 비슷한 수치를 나타내고 있으나, 러시아에서는 여전히 주요 사망 요인 중 하나이다.

4) 세계보건기구는 유럽 국가를 두 그룹으로 구분하여 보고하고 있는데, 본고에서 유럽 선진국은 유아와 성인 사망률이 높은 25개국(알바니아, 아르메니아, 아제르바이잔, 벨라루스, 보스니아 헤르체고비나, 불가리아, 에스토니아, 그루지야, 헝가리, 카자흐스탄, 키르기스스탄, 라트비아, 리투아니아, 폴란드, 몰도바, 루마니아, 러시아, 세르비아 몬테네그로, 슬로바키아, 타지키스탄, 마케도니아, 터키, 투르크메니스탄, 우크라이나, 우즈베키스탄)을 제외한 국가들이다.

(3) HIV/AIDS

소련 시절 공식적으로 존재하지 않았던 에이즈는 소련이 붕괴되면서 정맥주사 사용의 폭발적 증가로 인해 급속도로 확산되었다. 2008년 UNAIDS(the United Nations Programme on HIV/AIDS: 유엔 산하의 에이즈 전담기구)의 보고에 따르면 러시아 HIV 감염자 수는 1990년대 말보다는 느리지만 계속 증가 추세에 있다. 2007년 12월 말 러시아에서 등록된 HIV 감염 환자의 수는 그해 새로 등록된 환자 42,770명을 포함, 총 416,113명이었다. 그러나 실제 HIV 감염자 수는 약 940,000명으로 추산되고 있다.

2007년 러시아 HIV 감염자의 83%가 마약 주사 사용자들에게서, 6%는 성매매 종사자, 5%는 수감자 사이에서 발견되었다. 이에 대한 대책도 꾸준히 마련되어, 2007년 HIV 감염이 악화된 성인과 아이의 93.19%가 HIV 치료제인 ART(Antiretrovital Treatment)를 복용하고 있는 것으로 나타났다.

러시아 연방은 에이즈 전염에 대해 적극 대응할 것을 선포, 2006년 4월 러시아 대통령과 러시아 상원은 에이즈 대응 전략을 구상하여 정부 차원에서의 다각적인 협력과 일원화된 감시 및 평가 시스템 설치 등을 위해 2007~2011년까지 새로운 연방 에이즈 프로그램을 개발할 것을 채택하였다. 2006년 국내 에이즈 환자를 위한 연방 기금은 2005년에 비해 20배 증가되었고, 2007년 예산은 주요 단체 기부금을 합해 2006년에 비해 2배 증가되었다.

(4) 자살

2008년 자살로 38,406명이 사망했다. 100,000명당 약 40명이었던 90년대 중반 정점을 찍은 후 2001년에서 2006년 사이 30% 정도 감소한 것을 포함, 계속 감소 추세에 있지만 이는 아직 인구 100,000명당 27.1명의 비율로, 러시아는 세계에서 자살률이 가장 높은 국가 중 하나이다. 2007년 전체 자살의 약 22%는 40대에 행해졌으며, 여성에 비해 남성이 6배 정도 자살률이 높다. 특히 알코올 다량 섭취는 자살률을 높이는 주요 요인이다. 90년대 중반 이후 찾아온 경제 위기 때 1인당 알코올 소비가 감소함과 동시에 자살률도 감소했음을 보여주고 있는데, 이는 자살이 경제 상황보다는 알코올 소비와 연관이 더 있음을 보여 주는 통계라 할 수 있다.

3) 러시아의 의료보험

러시아의 의료보험은 러시아 연방 출범과 함께 과거 정부가 모든 국민의 의료를 책임지는 제도에서 벗어나 사회보험 방식으로 재원을 조달하는 의료 개혁을 실시하였다.

구 소련 해체 직후 국가 경제 위기에 따른 예산의 부족으로 보건 분야의 재정 감소가 불가피하였기 때문이다. 이에 따라 의료 질은 저하되었고 의료장비 부족 등 총체적인 의료 위기에 직면하였다.

현행 러시아 연방의 의료보장제도는 1991년 제정되어 1993년 개정되었으며, 러시아 연방 국민의 건강권 보호를 법으로 명시하고 있다. 강제의무건강보험과 임의보험제도로 구분되는 러시아의 건강보험제도는 보편적 적용방식을 채택하여 전 국민을 그 대상으로 하고 있다.

러시아 연방의 건강보험제도는 단독 재원 부담 방식으로 근로자는 보험료를 부담하지 않고 고용주가 보험료 전액을 부담하는데, 고용주는 근로자에게 지불하는 임금의 3.6%를 보험료로 납부한다. 고용주가 납부한 3.6%의 보험료 중 3.4%는 지역건강보험금고의 재원이 되며, 나머지 0.2%는 연방건강보험 금고로 귀속된다.

4) 러시아의 보건 개혁

(1) 소비에트 시기의 보건 개혁

1990년대 이전 소비에트 시기에는 모든 시민에게 국가의 통합된 건강관리모델이 제공되었으며, 보건 관련 업무 종사자들은 모두 공무원이었다.

러시아 보건의료 시스템의 전반적인 구조적 불균형의 원인은 병상의 지급 문제였다. 대체로 소련의 의료 시스템은 제1차 치료를 경시하고 전문가에 의한 2, 3차 치료를 너무 강조해 왔기 때문이었다.

이러한 구조적인 문제점에도 불구하고, 정부통합모형은 결핵, 장티푸스 및 발진, 티푸스 등 전염성 질환을 다루는 데 큰 성과를 거두었다. 그러나 이러한 모델의 효과는 투자 부족으로 인해 점차 감소하였다.

1950년에서 1980년 사이 1인당 병상과 의사의 수를 2배 늘렸음에도 불구하고 1980년대 초부터 서비스 질은 떨어지기 시작하였고, 보건 치료와 관리에 대한 전반적 수준은 서구

기준에 못 미치게 되었다. 근본적으로 보건과 관련된 재원의 부족으로 인해 많은 소규모 지역 병원은 병상당 평균 4~5명밖에 충당하지 못했으며, 몇몇 소규모 병원은 방사선 진료뿐만 아니라 기본적인 난방이나 물 공급도 원활하지 못한 경우도 있었다. 1989년 조사에서 러시아 병원의 20%가 온수 파이프가 설치되어 있지 않으며, 3%는 냉수 배관도 설치되어 있지 않은 것으로 밝혀졌고, 17%는 위생시설이 전반적으로 결여되어 있는 것으로 나타났다. 전체 병원(입원, 외래)의 1/7이 근본적인 개선이 요구되는 상황이었다.

의료개혁 이후 보건 재정 지출은 계속 부족하였다. 이는 스페인, 영국, 핀란드의 유럽 모델에 비해 8배 부족한 수치이며, 미국보다 26배 적은 수치이다.

(2) 소 연방 해체 후 보건 개혁

러시아 연방의 보건 시스템은 개인 자산과 국가 자산 및 예비금으로 운영되는 혼합된 건강관리 시스템으로 바뀌었다. 1993년 헌법 제41조에 건강관리와 의료 원조를 국민의 권리로 명시하였는데, 세금에 의한 자금의 조달보다는 의무의료보험(compulsory medical insurance)을 통해서 이루어지도록 했다. 새로운 자본주의 체제는 효율성 측면에서 환자들의 선택을 바꾸어 놓았고, 입원 치료에 초과되는 재정을 축소시키고 1차 치료를 위해 재원을 이동케 함으로써 보건 구조 개선에 어느 정도 도움이 되었다.

과거 사회주의 시기 의료의 사회화, 무상화를 목표로 한 보건 시스템은 엄청난 비용이 요구되면서 피의료인들의 도덕적 해이를 야기했다. 모든 질환을 국가에서 무상으로 치료해 주었던 의료 시스템 구조는 비교적 사소한 병에 걸렸어도 입원 치료를 하게끔 유도하여 의료 서비스 부족 현상이 지속되었다.

1980년대 개혁 · 개방의 분위기와 결정적으로 90년대 초 연방이 해체되면서 러시아의 의료제도도 개혁의 대상이 되었고, 시장경제의 도입과 함께 보건의료 재정이 연방에서 지방정부로 이관되면서 재정 지원도 줄어들어 유료 서비스 제도가 새로 도입되었다.

1986년 1,200만 명에 이르던 의사는 92년에 66만여 명으로 집계되었다. 또한 외화 부족 등으로 의료기구, 의약품의 조달도 원활하지 않았다. 경제난이 지속되면서 국내총생산(GDP) 대비 보건의료 부문 지출은 3%에 불과하였고, 국민들의 생활수준도 열악해 콜레라, 결핵 등 후진국형 전염병이 전국적으로 발생했었다. 이러한 열악한 보건환경과 사회복지시설의 낙후 등의 문제는 평균수명을 낮추고 영아 사망률을 높이는 원인으로 작용하였다.

(3) 2011년의 보건 개혁

러시아는 세계에서 1인당 의사, 병원, 의료 종사자 수가 많은 편이다. 그러나 소연방 붕괴 이래로 사회, 경제, 생활양식의 변화 등의 결과로 러시아 국민의 건강은 매우 악화되었다. 그러나 2000년 푸틴(Vladimir Putin)이 대통령이 된 이후 공중 보건 증진에 많은 변화가 있었는데, 평균수명이 1991~1993년 수준에 비해 증가하였고, 유아 사망률 또한 1995년 1,000명당 18.1명에서 8.4명으로 감소하는 등 보건 분야에 많은 발전이 있었다.

최근 푸틴 총리는 러시아의 건강관리 증진을 위해 향후 수년간 3천억 루블을 할당하고, 회사에 의해 지불되는 의무의료보험료를 현재 3.6%에서 5.1%로 증가시키기로 하는 등의 내용을 골자로 하는 대대적인 보건 개혁을 단행하였다.

5) Health profile

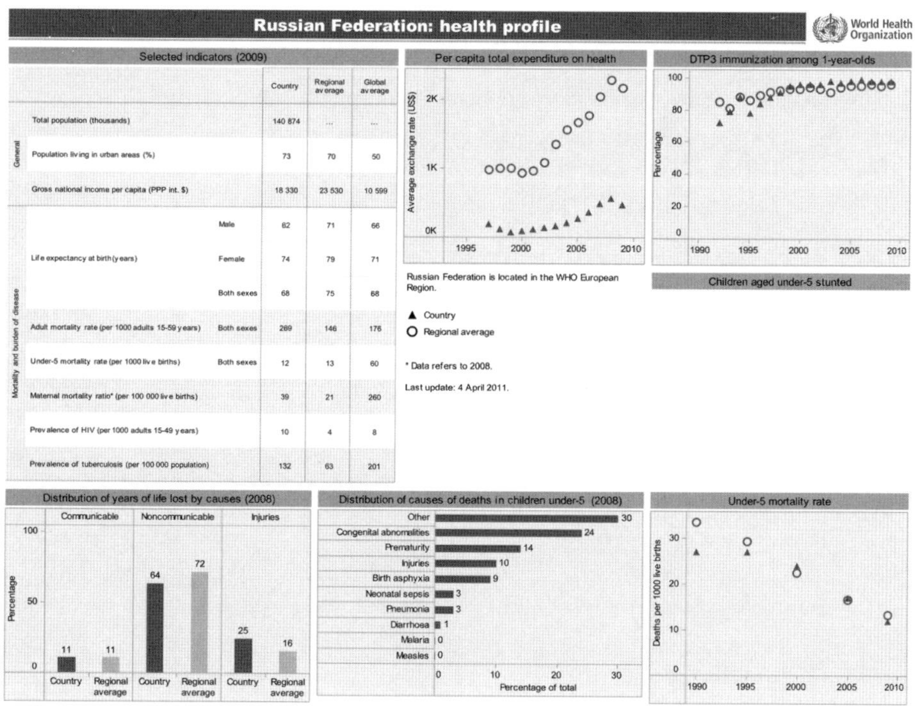

Russian Federation: health profile

Selected indicators (2009)

			Country	Regional average	Global average
General	Total population (thousands)		140 874	...	...
	Population living in urban areas (%)		73	70	50
	Gross national income per capita (PPP int. $)		18 330	23 530	10 599
Mortality and burden of disease	Life expectancy at birth (years)	Male	62	71	66
		Female	74	79	71
		Both sexes	68	75	68
	Adult mortality rate (per 1000 adults 15-59 years)	Both sexes	269	146	176
	Under-5 mortality rate (per 1000 live births)	Both sexes	12	13	60
	Maternal mortality ratio* (per 100 000 live births)		39	21	260
	Prevalence of HIV (per 1000 adults 15-49 years)		10	4	8
	Prevalence of tuberculosis (per 100 000 population)		132	63	201

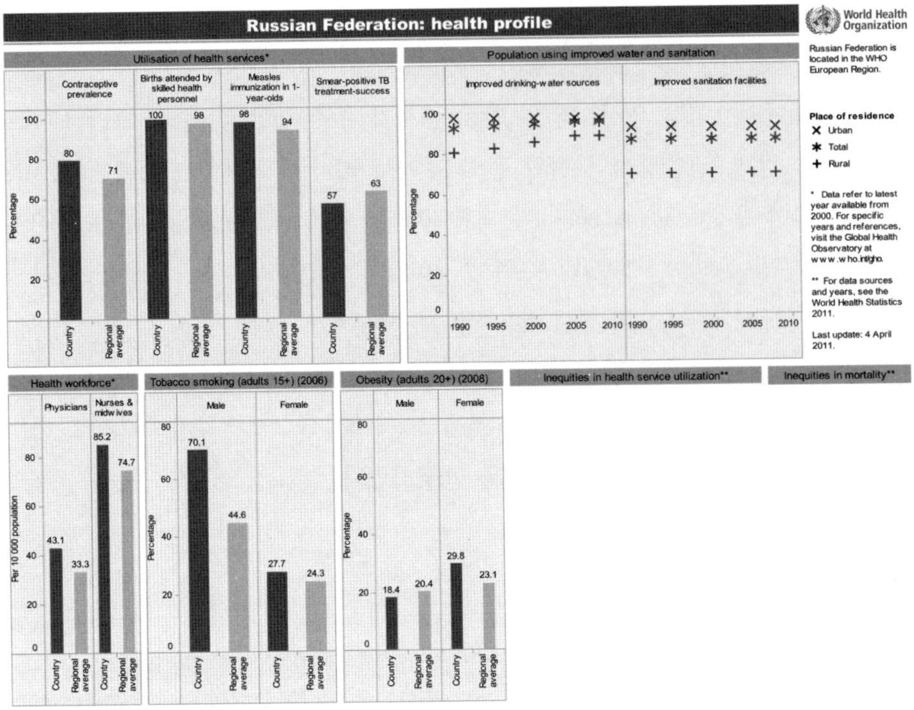

출처: WHO(World Health Organization), Country health profile.

II. 우크라이나(Ukraine)

II. 우크라이나(Ukraine)

수도	키예프
종족구성	우크라이나인(77.8%), 러시아인(17.3%)
공용어	우크라이나어
종교	우크라이나 정교(모스크바파, 키예프파, 독립파), 우크라이나 가톨릭, 개신교, 유태교 등
통화	그리브나(Hryvnia)

1. 우크라이나의 문화

1) 개요

우크라이나는 구소련 국가들 중 역사적, 문화적으로 풍부한 전통을 자랑하지만, 오랜 세기에 걸쳐 강력한 제국들의 지배를 받아오다가 1991년에 이르러서야 완전한 독립을 얻었다. 우크라이나는 엄청난 크기의 영토, 지정학적 위치, 거대한 인구, 풍부한 지하자원 등으로 유럽뿐만 아니라 전 세계의 역학 관계에서 매우 중요한 역할을 하고 있다. 무엇보다 역사적으로 오랫동안 러시아와 연결되어 있었기 때문에 양국 간의 정치, 경제, 문화적 긴장에도 불구하고 유럽 공동체와 러시아, 이전 소비에트 국가들 사이의 다리가 되고 있다. 우크라이나는 다양한 권력들 사이에 놓여 있다 보니 인종적으로 다양하고 문화적으로 풍부

한 유산을 가지고 있다.[1)]

우크라이나의 크기는 프랑스와 거의 비슷하며, 영토는 주로 저지와 고원으로 이루어져 있다. 기후는 다른 유럽 국가들과 마찬가지로 온화한 대륙성 기후이다. 무엇보다 우크라이나가 가지고 있는 장점은 전 세계 흑토의 25%가 이곳에 위치하고 있다는 사실로, 바로 그 흑토 때문에 역사적으로 우크라이나는 끊임없이 침략자들의 공격을 받아 왔다. 기원 전 1000년 경 유목민들의 침략을 시작으로 몽골의 지배, 제정 러시아의 통치, 제2차 세계 대전 때 독일의 공격과 그 후 소비에트의 지배까지 우크라이나는 지속적으로 외부 공격에 노출되어 있었다. 특히 우크라이나를 소러시아로 부르며 가장 오랜 시간 동안 지배를 해왔던 러시아와의 관계는 매우 복잡한 양상을 띠고 있다. 소련의 해체와 더불어 독립을 얻었지만, 우크라이나의 서부 지역 사람들은 유럽 지향적인 성향을 띠고 있는 반면, 동부 우크라이나인들은 러시아 이주민이 많은 관계로 친러시아적이다. 또한 소비에트 시대 건설된 다양한 국가 기반 시설, 과학 시설과 학문의 공유, 러시아가 저렴하게 공급하고 있는 가스 등의 문제가 뒤얽혀 러시아로부터 완전히 자유로울 수는 없는 것도 우크라이나가 안고 있는 고민이다.

우크라이나의 수도는 키예프이다. 5세기경에 드네프르 강변에 세워진 이 도시는 우크라이나의 역사적 중심지이기도 하다. 10세기경 키예프는 키예프 루시 공국에 의해 연합된 동슬라브 민족의 중심지가 되었으며, 유럽에서 가장 크고 강력한 도시 중의 하나였다. 당시 비잔틴으로부터의 동방 정교 수용은 키예프의 중요성을 더욱 증가시켰으며 그로 인해 경제적, 정치적으로뿐만 아니라 문화적으로도 중심지가 되었다. 그러나 번성의 시기는 13세기 몽골의 침략과 더불어 끝나고 말았다. 동방 유목민족의 지배를 받는 동안 키예프 공국의 정치적, 종교적 지배세력은 완전히 와해되었으며, 화려하고 풍부한 문화유산 역시 파괴되고 말았다. 몽골의 세력이 약화된 후에는 15세기 타타르민족의 침략을 받기도 했다. 17세기 말에는 몽골을 몰아내고 이 지역의 새로운 패권을 차지한 모스크바 공국의 통치 하에 놓이게 되었으며, 그들의 지배는 이후 200년 간 계속되었다. 20세기에는 소비에트의 지배를 받았으므로 결국 우크라이나에 대한 러시아의 통치는 300여 년간 지속되었다고 할 수 있다.

2001년 인구조사에 따르면 우크라이나의 전체 인구는 대략 4천 8백 5십만 명으로 인구수로는 유럽에서 6번째이다. 국민의 78%는 우크라이나 민족이고, 17%는 러시아인이다. 넓고 비옥한 토양 덕분에 우크라이나인 대다수는 아주 오래전부터 농업에 종사해 왔다. 그들

---

1) 우크라이나 문화 전반에 대해서는 Helbig, A., O. Buranbaeva, V. Mladineo, 2009, *Culture and Customs of Ukraine*, Westport: Greenwood Press, pp.1-47, 59-113을 참조하였음.

이 이 지역에 처음 정착했을 때부터 농업과 목축업이 삶의 주축이었다.

러시아제국이나 폴란드와 같은 주변 강대국들과 정복자들에 의해 국토가 찢겨나가는 것을 보며 우크라이나 사람들은 종교에 의존했다. 현재 우크라이나인들의 40%는 종교가 없다고 말하고 있지만, 역사적으로 정교는 우크라이나인들의 민족적 정체성을 규정짓는 가장 중요한 요소였다. 러시아인 절대다수가 믿고 있는 정교도 실제로는 키예프 공국에서 유래한 것이다. 몽골의 침략 이후 많은 키예프 공국 종교 지도자들이 현재의 모스크바를 중심으로 한 동북쪽으로 이주를 하였으며, 그 결과 러시아가 정교의 중심지가 되었기 때문이다. 현재 우크라이나의 가장 지배적인 종교는 우크라이나 정교회이다.

2) 종교

1991년 소비에트로부터 독립한 이후 우크라이나는 공식적으로 모든 종교의 자유로운 활동을 보장하는 종교적 관용 정책을 실시하고 있으며, 정교, 가톨릭, 유대교, 이슬람 등이 평화로운 공존 상태를 유지하고 있다. 그러나 그중 가장 대표적인 종교는 정교이다.

988년 키예프 공국의 군주였던 블라디미르 대공은 이전의 슬라브 민속신앙을 버리고 비잔틴 정교로의 개종을 선언했다. 갑작스러운 개종 명령에 많은 귀족들은 드네프르 강에 몸을 던져 자살하는 것으로 저항을 하기도 했지만, 키예프 주민들은 결국 세례를 받을 수밖에 없었다. 기독교의 수용은 유일신 신앙을 통해 키예프 루시가 주변의 형제 공국들을 통합하고 국가의 정치, 문화, 지적 중요성을 강화하는 데 도움을 주었으며, 특히 비잔틴 제국과의 교류는 부족국가에서 문명국가로의 발전을 가능하게 했다.

러시아에서와 마찬가지로 소비에트 통치기간 동안 무신론의 시기를 겪기도 했지만 1989년 우크라이나 정교회 키예프 총대주교관구의 부활과 더불어 정교는 다시 우크라이나인들의 정신세계에서 중요한 부분을 차지하고 있다.

그 밖에 우크라이나 서쪽 국경을 접하고 있으며 가톨릭교도가 다수인 폴란드와의 오랜 역사적 관계 덕분에 가톨릭과 유대교도의 숫자도 상당히 많다. 크림지역을 중심으로 모여 사는 몽골의 후예인 크림타타르인은 무슬림의 후예이다.

러시아에서와 마찬가지로 우크라이나의 이교도 축일은 기독교 수용 이후 자연스럽게 기독교 축일과 뒤섞여졌다. 그중의 하나가 콜랴다이다. 콜랴다는 겨울 제례의식이었지만 기독교 개종 이후 크리스마스이브 축제와 합쳐졌다. 이날 우크라이나인들은 밀, 양귀비씨, 꿀, 땅콩, 말린 과일로 만든 달콤한 곡물 푸딩인 쿠티야라는 독특한 음식을 만들어 먹는다.

이교도 시대에 쿠티야는 죽은 조상들에게 바치기 위해 만든 음식이었다. 요즘도 크리스마스이브에 쿠티야는 돌아가신 분들을 위해 양초와 함께 한쪽에 놓인다.

부활절 역시 젊은 처녀들의 봄노래나 춤과 같은 이교도적 요소를 담고 있다. 노래는 대부분 겨울이 지나가고 봄이 부활한다는 상징을 담고 있으며, 자연스럽게 그리스도의 부활과 연관된다. 부활절 달걀인 피산키의 유래는 슬라브인의 고대 태양신인 다쥐보그에게 예배를 드리던 시대까지 거슬러 올라간다. 달걀은 봄의 부활을 상징하는 다양한 자연의 형상으로 장식된다. 기독교 수용 이후 피산키는 사람의 부활을 의미하게 되었으며, 피산키를 받으면 행운이 온다고 믿고 있다.

같은 슬라브 정교 국가인 러시아에서와 마찬가지로 기독교 축일인 세례 요한의 전야는 이교도 축제인 이반 쿠팔라의 날이기도 하다. 우크라이나의 이반 쿠팔라의 날은 7월 6일이다. 이날을 축하하기 위해 도시와 시골에서는 다양한 축제가 조직되는데, 특히 마법과 관련된 것들이 많다. 사람들은 이날 모은 약초에 특별한 치유 능력이 있다고 믿고 있다. 젊은 처녀들은 쿠팔라 전날 밤에 내린 이슬로 목욕을 하거나 이슬이 덮인 풀밭을 맨발로 걷거나 뒹굴기도 한다. 이렇게 하면 다산을 하거나 출산 시 도움을 받을 수 있다고 믿고 있기 때문이다. 물과 관련된 날인 만큼 축제 행사는 대부분 강 옆에서 이루어지며, 그중 하나가 처녀들이 들꽃으로 화관을 만들어 강에 띄우는 의식이다. 젊은 남자가 화관을 발견하면 그가 화관을 만든 처녀의 신랑이 된다고 믿는다. 강 옆에 모닥불을 피워 놓고 젊은 남녀가 불 위로 뛰어넘는 놀이도 하는데, 두 사람이 성공적으로 뛰어넘으면 영원히 함께할 수 있다고 믿는다.

3) 여성

소비에트 시대 우크라이나 여성들의 지위는 법적・실질적으로 상당히 향상되었다. 이는 비단 우크라이나뿐만 아니라 모든 소비에트 국가들에 공통된 현상이기도 했다. 볼셰비키 정부는 남녀평등을 법으로 선언하여 여성들의 지위 향상과 권리를 보장하였다. 정부는 여성들이 가정에서는 주부와 어머니로서, 직장에서는 남성들과 동등한 노동자로, 사회에서는 적극적인 시민이 되기를 기대했다. 이러한 여성관이 만들어지게 된 것은 한편으로는 전통적인 부르주아 가족 개념과 싸우기 위해서였고 다른 한편으로는 급격한 산업화에 필요한, 부족한 노동력을 메우기 위해서였다. 기존의 모든 가치 체계를 전복시키고 모든 인간이 평등한 사회를 이루기 위해, 또한 가족의 테두리 내에서 벌어지는 남녀 간의 불평등한 관계와 가족 이기주의를 제거하기 위해 여성의 지위를 향상시키는 것은 사회적 약자에 대한 배려와 같은 맥락에서 이해될 수 있다. 이념적인 차원에서의 남녀평등은 현실적인 문제와도 맞물려 있었다. 제1차 세계 대전과 혁명, 내전을 겪으며 남성 노동인구가 급격히 감소한 소비에트에서 빠른 경제 회복을 위해 절실하게 요구되던 노동력은 여성으로 보충할 수밖에 없는 상황이었다.

여성들이 노동시장에 자유롭게 참여할 수 있게 하기 위해서 소비에트 정부는 탁아시설, 병가, 3년간의 유급 출산 휴가 등을 제공했다. 여성들은 의료보험, 탁아, 교육, 고용 등에서 동등한 대접을 받았다. 직위의 일부를 여성에게 할당하는 제도는 여성들이 정부의 많은 자리를 차지할 수 있는 기회도 제공했다. 이러한 정책은 여성의 문맹률을 획기적으로 낮추었고 교육의 기회를 확보해 주었으며 노동력의 증가를 가져왔다.

그러나 이러한 성과에도 불구하고 여성에 대한 고정관념은 사라지지 않았으며, 가족 내에서나 전문적인 직장에서 남성들과 동등한 지위를 얻지는 못했다. 여성들은 가정에서도 사회적인 의무에서도 이중의 부담을 져야만 했다. 가정에서는 아이의 양육과 집안일을 책임져야 했고, 밖에서는 노동시장에 참여하거나 의사결정에 관여함으로써 노동자나 관리자로서의 책임을 져야 했다.

독립과 함께 우크라이나 남성과 여성들은 자신들의 의사를 표현하고, 이익을 추구하고, 비교적 자유롭게 투표에 참가할 수 있는 권리를 획득했다. 그러나 정치적, 사회적 영역에 있어서의 여성들의 참여와 적극적인 시민의식은 독립 이후 오히려 감소했다. 독립 이후 닥친 경제 몰락과 사회 혼란은 남녀 간의 관계를 불안정하게 만들었으며, 경제적으로 어려워진 남성들은 우울증에 걸리거나 약물남용, 알코올 중독, 폭력, 자살 등으로 반응했다. 여성에 대한 남성들의 심리적, 신체적 학대가 증가하였으며, 이혼율 역시 급상승했다.

경제적 위기를 겪은 이후에도 여성들의 교육 수준이나 노동시장에의 참여율은 여전히 매우 높지만, 여성들은 급여가 낮은 직장에 집중되어 있는 경우가 많다. 여성들이 받는 급여는 남성들의 70% 정도 수준이다. 여성의 정치 참여 역시 소비에트 시대보다 현저히 줄어들었다. 독립 우크라이나에서 치러진 첫 번째 선거에서 여성들은 의회 의석의 3%만을 차지했다.[2] 독립 직전 우크라이나 여성들은 최고 소비에트 회의의 36%, 시의회의 50%를 차지하고 있었다.[3]

---

2) United Nations Development Programme, *Gender Issues in Ukraine: Challenges and Opportunities*, 2003. 10.

3) Dudwick et al., *Ukraine: Gender Review*, 30.

여성과 관련하여 주목해서 살펴보아야 할 또 하나의 문제는 낙태의 실상과 그 문제점이다. 이것은 여성 건강과 밀접하게 연관되어 있기 때문이다. 소비에트 혁명을 완성한 레닌은 낙태를 여성의 기본권이라고 보았으며, 어떤 여성도 자신의 의지에 반해서 아이를 낳아서는 안 된다는 믿음을 가지고 있었다. 반면 두 번째 통치자인 스탈린(I. Stalin)은 인구의 증가가 경제 성장의 동력이라고 생각하며 낙태를 금지하였고, 단 산모의 건강이 위험하다든지 유전적 질병이 있을 경우에만 낙태를 허용하였다. 그러나 스탈린 사후 2년이 지난 1955년 소비에트 보건복지부는 낙태를 합법화하였다. 사람들은 출산을 조절하는 가장 쉬운 방법으로 낙태를 택했다.

독립 이후 우크라이나는 소비에트 낙태법을 유지시켰고, 그 결과 낙태율은 상당히 높아졌다. 경제위기의 상황에서 아이 낳기를 포기한 부부들이나 윤리의식이 와해된 상태에서 자유를 즐기던 젊은이들이 원치 않은 임신을 하였을 경우 가장 쉽게 해결할 수 있는 방법이 낙태였다. 1999년 발표된 조사에 따르면 15세에서 44세의 여성 중 약 40%가 적어도 한 번 이상의 낙태를, 18%는 두 번 이상의 낙태를 경험한 것으로 나타났다.[4] 2003년 우크라이나 보건복지부는 정상 출산 100명에 낙태는 72.8명이라고 보고했다.[5]

현재 우크라이나에서는 각 종교 종파 지도자들과, 과학자, 교사들이 중심이 되어 반낙태 운동을 벌이고 있으며 캠페인 덕분인지 낙태 비율은 상당히 감소하였다. 그러나 낙태율의 감소에도 불구하고 우크라이나의 출산율은 여성 한 명당 2명 이하이며, 이러한 수준이 지속될 경우 인구 감소의 위기가 나타날 수밖에 없을 것이다.

4) 결혼과 가족

우크라이나의 평균적인 가족은 부모와 아이들 그리고 가끔 조부모를 포함한다. 3대가 한 지붕 아래 같이 사는 것은 오랜 전통이기도 하지만 요즈음은 현실적인 이유 때문에 결혼한 자녀들이 부모와 함께 살기를 원하는 경우도 많다. 소비에트 시대부터 시작된 도시의 주택 공간 부족으로 자녀들이 결혼한 이후에도 부모와 사는 경우가 많아졌다. 부모가 모두 직장을 가지고 있는 경우에는 할머니가 손자의 실질적인 보호자 노릇을 한다. 할머니들은 손자를 돌보고 가족을 위해 식사를 만들고 집안일을 하며 주부로서의 역할을 대신한다.

---

4) Oleh Wolowyna, "Abortion in Ukraine: A Health Crisis," *Ukrainian Weekly*, September 3, 2000.
5) United Nations Population Fund, *Country Programme Document for Ukraine*, Rep. DP/FPA/DCP/UKR/1, October 18, 2005.

전통적인 우크라이나 결혼식은 가족 축하행사 중에서 가장 정교하고 복잡한 준비와 절차가 요구되는 만큼 가장 많은 사람들이 모여 축하하고 즐기는 자리이다. 결혼식은 주로 늦겨울이나 초봄 일요일, 아니면 수확기가 지난 가을에 개최되었다. 결혼식 행사의 기원은 기독교 이전 이교도 시대까지 거슬러 올라간다.

전통 결혼식에서는 먼저 신랑의 대리인과 신랑, 중매쟁이가 소금, 빵, 술을 들고 신부의 집을 방문하는 것으로 시작된다. 신부의 집에서 신랑이 호박을 대접 받으면 그것은 신부가 거절한다는 표시이다. 반면 중매가 성립되면 신랑과 신부는 친척들 앞에서 결혼을 약속했다는 표시로 서로 손을 잡아야 한다. 결혼식 전날 신부는 신부들러리나 친구들과 함께 시간을 보내며 가족들과 헤어지는 슬픔을 담은 노래를 부른다.

결혼식 날 신부의 긴 머리는 땋아져서 화관처럼 머리 둘레를 에워싼다. 땋은 머리는 처녀의 상징이다. 신랑 신부는 준비를 끝내고 교회로 가기에 앞서 양가 부모들의 축복을 받는다. 교회에서는 사제가 그들에게 축복을 내리고 이코노스타스(성화가 그려진 벽) 앞 중앙 탁자로 데려간다. 신랑 신부에게 왕관이 쓰이고 나면 가장 훌륭한 남자와 여자가 손에 촛불을 들고 탁자 주변을 세 번 돈다. 결혼식이 끝난 후 신랑과 신부는 각자의 집으로 돌아갔다가 신랑이 신부를 자기 부모 집으로 데려오기 위해 친척들과 하객들을 모아 신부 집으로 향한다. 그들은 모두 신부 집에서 모여 결혼 축하연도 하고 선물도 주고받은 후 저녁 식사를 하며, 이 모든 과정이 끝난 후 신혼부부는 신랑의 집으로 향한다.

소비에트 시대 이러한 전통 결혼식은 낡고 민족적인 관습이라는 이유로 못마땅하게 받아들여졌다. 소비에트 정부는 결혼에서 전통이나 종교적 요소를 제거하고 관청에 등록하는 형식으로 바꾸었다. 이후 결혼식은 매우 간소화되었으며 우크라이나가 독립한 후에도 전통적인 결혼식은 거의 찾아볼 수 없게 되었다.

세례식과 장례식 역시 우크라이나 문화에서는 중요한 가족 축제이다. 세례식은 아이가 기독교 신앙 안에서 다시 태어난다는 상징을 담고 있다. 세례를 받은 아이들은 축복을 받고 그 다음에 손과 발, 머리에 기름을 바른 후 물에 세 번 담가져야 한다. 장례식 역시 가족들이 함께한다는 점에서 중요한 가족 관습의 하나이다. 전통적인 우크라이나 장례식은 상당히 정교하고 특이하다. 고인의 육체는 방 안에 모시되 발은 문을 향하게 놓아둔다. 집에서 관을 옮겨 나갈 때는 문에 대고 세 번 치는데, 이것은 작별인사의 의미이다. 관은 일출을 볼 수 있는 방향으로 무덤에 매장된다. 가족들은 고인이 사망한 날로부터 3일 동안 특별한 기도와 미사를 드리고 세 번째 날에 장례식을 거행한다. 그 후 40일 동안 고인의 사랑을 받았던 사람들은 고인의 영혼을 위해 열심히 기도를 드리고, 40일이 되는 날 고인이 천당이나 지옥에 자리를 잡았다고 믿으며 가족과 친구들은 함께 모여 먹고 마시고 고인을 위해 건배를 한다.

5) 관습

우크라이나의 도시를 오고가는 사람들을 보면 무뚝뚝하고 표정이 없는 얼굴에 당황하게 되는 경우가 많다. 러시아나 우크라이나 사람들은 거리에서 모르는 사람들에게 미소를 짓는 것을 이상한 행동으로 여기기 때문에 거리에서는 그다지 자주 웃지 않는다. 그러나 집으로 손님이 찾아오면 그들을 적극적으로 환대하고 환영하는 것이 또한 이곳의 관습이다. 전통적으로 빵과 소금을 손님에게 제공하는데, 빵은 우크라이나의 비옥한 토지에서 얻어낸 대표적인 음식이며, 소금은 영원한 우정에 대한 약속을 의미한다. 주인이 빵과 소금을 대접하면 손님은 가볍게 인사를 한 후 소금을 혀에 적시고 빵 한 조각을 떼어내 먹는 것으로 화답해야 한다. 현재는 실제 빵과 소금 대신에 "빵과 소금으로 환영합니다"라는 표현으로 손님을 진심으로 맞이한다는 마음을 대신하기도 한다.

우크라이나 사람들은 수세기 동안 함께 일하는 문화였기 때문에 개인보다는 가족이나 공동체를 더 강조한다. 서구의 개인주의 문화에서 강조되는 개인적 공간의 경계라는 개념도 강하지 않아서 대화를 할 때는 서로 가까이 서려는 경향이 있다. 과거 그들은 생존에의 필요성 때문에 대가족이 한 지붕 아래 사는 것이 전통이었으며, 소비에트 시대에는 주거공간의 부족 때문에 작은 주택 공간을 두세 세대가 함께 사용해야 했다. 그러나 최근 들어 서구의 영향이 강해지고 소비자 중심주의, 물질문화 등이 장려되면서 공동체 지향성은 변하고 있다.

전통적으로 우크라이나 사람들은 항상 땅과 긴밀하게 연결되어 있었다. 역사적으로 그들은 유럽과 러시아의 곡창지대였다. 사람들 대부분은 땅을 돌보면서 삶을 이어가는 농부들이었다. 따라서 우크라이나의 많은 전통, 설화, 예술, 문학은 시골 생활이나 수확기, 종교적인 제식에 뿌리를 두고 있다.

6) 교육

독립 직후 우크라이나의 교육은 소비에트 시대 교육 시스템을 계승하였다. 교육의 기회는 누구에게나 자유롭게 제공되었지만 내용이 백과사전적이어서 비판적 사고나 본질적인 능력을 개발하는 데는 부족했다. 다른 소비에트 공화국들에서와 마찬가지로 과학 교육에 강한 초점을 맞추었으며, 인문학이나 사회과학은 그다지 강조하지 않았다. 또한 대부분의 수업은 지나친 사실 암기에 치우쳤다. 그 결과 교과과정은 새로운 노동시장의 요구를 따라가지 못하고 뒤처졌으며, 직업 교육은 타당성을 잃었다.

이러한 문제점에 대한 인식과 더불어 우크라이나 정부는 교과과정을 우크라이나화 하고 인문학과 사회과학 교육을 강화함으로써 국민의식을 고취시키고자 하였다. 오래된 이념적 자료들은 제거되었으며, 새로운 자료들이 그 자리를 대신했다. 우크라이나 역사와 관련된 내용들이 눈에 띄게 개선·확장되었으며, 이전에는 알려지지 않았던 우크라이나 작가들의 작품이 문학교재로 선택되었다. 이전 시대에는 상상조차 할 수 없었던 시민 교육이나 환경론 같은 새로운 과목들도 소개되었다. 또한 모든 교육은 우크라이나어로 이루어졌다. 우크라이나어로 우크라이나 역사와 문학을 가르치는 교육은 미래 세대에게 우크라이나인으로서의 자부심과 긍지를 길러 주기 위해 절대적으로 필요한 작업이었다.

현재 우크라이나 교육은 유치원, 초중고 과정 보통 교육, 대학, 대학원, 박사 과정으로 이루어져 있다. 국가는 우크라이나 국민이라면 누구나 성별이나 인종, 사회적 지위, 개인의 신념, 정치 성향, 종교, 건강 상태, 거주지 등에 상관없이 무상으로 국립대학에서 교육받을 권리를 보장한다.

우크라이나 교육정책은 초중고 과정뿐만 아니라 대학까지 원하는 모든 학생들에게 무상교육을 보장함으로써 국민들 전체의 교육수준을 향상시키는 데에는 큰 기여를 하였지만 그에 따르는 문제 또한 적지 않다. 무엇보다 독립 이후 닥친 경제위기의 결과 국가의 교육재정이 충분히 확보되지 않았다는 것이 가장 큰 문제이다. 교사들의 급여는 최저생계비보다 1.5배 내지 2배 정도 낮은 것으로 알려져 있으며 교사들은 더 이상 가르치는 사람으로서의 자부심만으로는 직업을 유지할 수 없는 상태에 이르렀다. 교사들은 교육 외에 부가적인 직업을 가지도록 내몰리고 있으며, 교육과 전혀 관계없는 일로 부수입을 얻기도 한다. 수업에 필요한 보조 교재, 장비, 질 좋은 교과서 등이 부족함에 따라 교육의 질 역시 위기에 처해 있다.

공교육의 문제점을 해결하고 학생들에게 교육의 선택권을 보장하기 위해 여러 가지 유형의 사립학교들이 나타났다. 이들 교육기관은 엘리트 양성을 목표로 보다 현실적이고 실리적인 학문을 가르치기 때문에 많은 사람들의 관심을 받고 있으며 빠르게 확산되고 있다. 그러나 대부분의 사립학교는 수업료가 비싸기 때문에 대다수의 평범한 학생들은 접근이 어렵다. 사립대학 역시 국가 전체에 퍼져 나가고 있다. 국립대학과는 달리 사립대학들은 구조나 교육 시스템이 상당히 유연해서 시장에 잘 적응하고 있으며, 비즈니스, 경영학, 법학, 경제학, 국제관계학 등 최신 유행의 학문을 제공한다. 그런데 이들 대학들의 교육의 질은 아주 낮은 경우가 많으며, 단지 학위를 제공하는 곳이라는 문제점도 제기되고 있다.

우크라이나는 현재 유럽 전역의 학위 과정을 표준화하기 위해 기획된 볼로냐 프로세스에 참여하고 있다. 유럽의 고등교육 영역에 참여하기로 결정한 것은 국민교육 체계의 현대화, 정보사회로의 통합, 유럽공동체에의 완벽한 참여를 위한 중요한 첫걸음이다.

7) 축일

기독교 국가였던 만큼 우크라이나의 대부분의 축일은 종교와 관련된 것들이 많다. 여기에는 기독교 수용 이전의 이교도 민속신앙의 요소가 혼재되어 있음은 물론이다. 소비에트 시기 동안 잠시 중단되었던 종교 축일들은 독립 이후 다시 활발하게 복원되고 있는데, 그 중 새해와 크리스마스, 부활절이 가장 인기 있는 축일이다. 많은 정교도 국가들에서처럼 우크라이나는 전례 달력으로 율리우스력을 사용한다. 오늘날 전 세계 대부분의 나라에서 사용되는 달력은 그레고리력이며, 정교도 국가들도 공식적으로는 그레고리력을 사용한다. 그러나 종교 축일과 관련된 날들은 율리우스력을 따르고 있다. 이 달력은 기원 전 45년에 줄리어스 시저가 만들어 16세기까지 유럽 전역에서 사용되었지만, 몇 가지 역법상의 오차 때문에 1582년 교황 그레고리 8세가 만든 그레고리력으로 대체되었다. 두 달력 사이에는 14일의 날짜 차이가 나며, 따라서 크리스마스가 그레고리력에 따르면 12월 25일이지만, 율리우스력에 따르면 1월 7일이 되는 것이다. 소비에트 시대 그레고리력을 공식적으로 받아들인 이후 우크라이나에서도 공식적이거나 세속적인 일에는 이 그레고리력을 사용하지만, 종교적, 전통적 영역에서는 여전히 율리우스력을 사용한다.

크리스마스이브인 1월 6일은 성찬을 시작으로 축일을 기념한다. 성찬에는 정교한 의식과 관습이 동반되는 데 그중 많은 것이 이교도 시대까지 거슬러 올라간다. 식탁에는 수놓은 식탁보를 덮고 그 위에 건초를 뿌리며, 전통에 따라 머리를 땋은 모양의 둥근 빵을 촛불, 짚과 함께 가운데 놓는다. 식탁에는 항상 예기치 않은 손님이나 고인이 된 친척들을 위해 여분의 자리를 만들어 놓는다. 식사 후에는 크리스마스 캐롤인 콜랴다를 부르며 이웃집들을 돌아다니기 시작하고, 그들이 방문한 집에서는 주인이 음식이나 음료수를 대접한다.

크리스마스 아침에 사람들은 교회의 종교의식에 참여한 후 집에 돌아와 달콤하게 구운 빵이나 과자를 먹으며 축하연을 이어간다. 크리스마스는 가족이나 친구들이 서로를 방문하여 소원을 빌면서 끝을 맺는다.

부활절은 다른 기독교 국가들에서와 마찬가지로 우크라이나에서도 가장 중요한 축일이다. 그러나 다른 슬라브 국가들에서처럼 이날 먹고 마시고 노래하는 풍습은 자연의 탄생을 축하하는 기독교 이전 이교도 신앙의 전통에서 유래된 것이기도 하다. 부활절에 사람들은 음식으로 가득 찬 바구니를 들고 축복을 받기 위해 교회로 간다. 교회에서는 소시지, 햄, 고추냉이 뿌리, 치즈, 버터, 소금, 삶은 달걀, 기장, 그림을 그린 달걀(피산키) 등을 가득 담은 바구니에 축복을 내려주고, 사람들은 이것을 다시 집에 가지고 와서 가족들과 나누어 먹는다. 서로 피산키를 선물하고 음식을 나누어 먹고 봄노래를 부르는 것은 고대 이교도 의식의 유물이다.

2. 우크라이나의 의료 현황

Total population	45,708,000
Gross national income per capita(PPP international $)	7,210
Life expectancy at birth m/f(years)	62/74
Probability of dying under five(per 1000 live births)	15
Probability of dying between 15 and 60 years m/f(per 1000 population)	395/148
Total expenditure on health per capita(Intl $, 2009)	445
Total expenditure on health as % of GDP(2009)	7.0
Figures are for 2009 unless indicated.	

Source: Global Health Observatory.

Population data(in thousands)	2010	2009	2008	2007	2006	2000	1990	1980
Total population	45,433	45,708	45,992	46,289	46,603	48,870	51,583	50,044
Live births	475	468	459	448	437	402	676	754
Surviving infants	469	462	453	443	432	396	664	738
Pop. less than 5 years	2,248	2,193	2,132	2,071	2,020	2,108	3,665	3,628
Pop. less than 15 years	6,320	6,348	6,412	6,519	6,676	8,555	11,065	10,712
Female 15-49 years	11,656	11,830	11,994	12,143	12,273	12,618	12,321	12,769

United Nations, Population Division, The World Population Prospects—the 2008 revision, New York, 2009.

1) 기대수명(Life expectancy at birth)

우크라이나의 2009년 기대수명은 남성 62세, 여성 74세로 다른 유럽 국가들의 기대수명에 비해 각각 9년, 5년이 짧다. 문제는 이러한 차이가 좀처럼 좁혀지지 않을 뿐만 아니라, 1986년에 비해서 오히려 남성은 5년, 여성은 2년 기대수명이 단축되었다는 것이다. WHO는 우크라이나인들이 평균수명의 12%(8년)를 질병 및 장애에 소비하고 있는 것으로 보고하고 있다.

의료 시스템은 만성질환보다 노인 치료, 예방 및 관리에 대한 관심으로 더욱 확대해야 한다. 전 세계적인 수명연장의 추세로 볼 때 우크라이나도 건강한 노후를 위해 전반적인 라이프스타일의 변화를 추구해야 하고, 노동연령 인구의 질병 방지를 위한 조치에 더욱 집중할 필요가 있다.

2) 인구 감소

우크라이나는 높은 사망률과 낮은 출생률 때문에 인구 위기를 맞고 있다. 현재 우크라이나 출생률은 11/1,000명이고, 사망률은 16.3/1,000명이다. 알코올 중독과 흡연 같은 예방 가능한 원인들이 노동연령 남성들의 높은 사망률의 원인이 되고 있다. 2008년 우크라이나는 출생률 -5%를 보이며 세계에서 가장 빠른 속도로 인구가 감소하는 국가가 되었다. UN은 우크라이나에 인구 증가 경향이 나타나지 않을 경우 2050년까지 1천만 이상의 인구가 감소할 것이라고 경고하고 있다.

3) 주요 사인

최근 우크라이나의 남성 사망률은 다른 유럽 국가에 비해 6%, 여성은 3%가 높다. 유럽 평균 사망률과 가장 큰 격차를 보이고 있는 연령은 30~44세로 무려 5배의 차이를 보이고 있다.

2003년 전체 사망 인구의 80%가 비전염성 질환으로 사망했으며, 외부적인 요인에 의한 사망률은 약 11%, 전염성 질환에 의한 사망률은 약 2%이다. 또한 전체 사망 인구의 60%는 순환기질환에 의한 것이며, 12%는 암이 그 원인이다. 심혈관질환에 의한 남성 사망률은 유럽 국가 중 세 번째로 높은 수준이며, 65세 이상 노인의 경우 네 번째로 높다. 특히 허혈성 심장질환은 단일 질환으로는 가장 치명적이며, 유럽 선진국 평균 비율(15%)의 두 배가 넘는 수치를 보이고 있다. 심혈관질환은 조기 진단으로 사망률을 줄일 수 있기 때문에 일차 의료 시스템을 통한 예방 치료에 정부 지원이 시급한 실정이다.

사망률을 높이는 주요 위험 요소로 흡연과 알코올 섭취를 지목하고 있다.

Ten leading disability groups as percentages of total disability-adjusted life-year(DALYs) for both sexes in Ukraine(2002)

Rank	Males		Females	
	Disability groups	Total DALYs(%)	Disability groups	Total DALYs(%)
1	Cardiovascular diseases	27.2	Cardiovascular diseases	33.6
2	Unintentional injuries	15.5	Neuropsychiatric conditions	16.5
3	Neuropsychiatric conditions	11.3	Malignant neoplasms	10.4
4	Infectious and parasitic diseases	9.3	Sense organ diseases	5.4
5	Malignant neoplasms	9.0	Unintentional injuries	5.2
6	Intentional injuries	7.2	Musculoskeletal diseases	5.2
7	Digestive diseases	4.9	Digestive diseases	4.1
8	Respiratory diseases	3.8	Respiratory diseases	3.8
9	Sense organ diseases	3.1	Infectious and parasitic diseases	3.4
10	Musculoskeletal diseases	2.2	Intentional injuries	2.6

Source: Background data from WHO(2003c).

Ten leading risk factors as causes of disease burden measured in disability-adjusted life-year(DALYs) in Ukraine(2002)

Rank	Males		Females	
	Risk factors	Total DALYs(%)	Risk factors	Total DALYs(%)
1	Tobacco	20.2	High blood pressure	20.3
2	Alcohol	18.3	High cholesterol	16.6
3	High blood pressure	13.9	High BMI	11.4
4	High cholesterol	12.7	Low fruit and vegetable intake	8.6
5	Low fruit and vegetable intake	7.6	Physical inactivity	6.4
6	High body mass index(BMI)	7.2	Alcohol	4.3
7	Physical inactivity	4.9	Tobacco	3.0
8	Illicit drugs	4.1	Unsafe sex	2.3
9	Lead	1.2	Illicit drugs	1.7
10	Unsafe sex	1.1	Indoor smoke from solid fuels	1.5

Source: Background data from WHO(2003c).

(1) 심혈관질환

우크라이나 전체 사망의 약 60%가 심혈관질환에 기인할 만큼 심각하다. 이는 유럽 선진국들(38%)에 비해서 매우 높은 수치이다. 특히 이 질환에 의한 사망 연령이 점차 낮아지고 있는 것이 큰 문제인데, 25~64세 남성의 경우 전체 유럽에서 3번째로 높은 사망률을 보이고 있다. 또한 65세 이상 연령에서는 4번째로 사망률이 높다.

허혈성 심장질환의 경우 단일 질환으로는 가장 치사율이 높다. 2003년 이 질환 환자의 40%가 사망하였는데, 이는 유럽 선진국 평균(15%)에 비해서 2배 이상 높은 수치이다. 남성의 경우 유럽에서 가장 높은 사망률을 보이고 있으며 여성의 경우 사망률이 두 번째로 높으나 25~64세의 경우는 유럽에서 가장 높고 유럽 선진국 평균보다 무려 8배 높다. 또한 거의 모든 연령층에서 여전히 증가 추세에 있다.

뇌혈관질환과 심폐질환에 의한 우크라이나 인구 사망률은 전체 유럽에서 가장 낮은 수치를 보이고 있으나 25~64세 남성의 경우 심폐질환과 다른 심장질환에 의한 사망률이 가파르게 증가하고 있다.

(2) 암

암에 의한 사망률은 12%로 집계되고 있다. 이는 유럽 선진국(28%)에 비해서는 절반 이하 수준 정도로 낮은 수치이며, 전 연령층에서 점차 감소하고 있는 추세이다. 하지만 15~29세 여성 사망률은 유럽에서 가장 높으며, 65세 이하 남성의 경우 5번째로 높다.

(3) HIV/AIDS

우크라이나는 전 세계에서 에이즈 감염이 가장 빨리 증가하고 있는 국가 중 하나이다. UNAIDS에 따르면, 2007년 우크라이나 성인의 약 1.63%인 756,300명이 보균자이며, 과거 2005년의 경우 성인의 1.46%(685,600명)로 추산하고 있다. 그러나 UNAIDS는 이러한 통계 자료는 단지 공식적으로 집계된 수치이고, 실제 감염자 수는 이보다 훨씬 높을 것으로 예측하고 있다. 우크라이나의 에이즈 감염자 수가 2008년 1월에서 11월 동안 2007년 같은 기간에 비해 3.9% 감소한 것으로 나타나고 있으나, 여전히 우크라이나는 동유럽의 국가들 중 에이즈의 증가 비율이 매우 높은 국가에 속한다.

4) 우크라이나의 보건 개혁

2009년 3월 현재 우크라이나 정부는 일반 외래 병원 응급의료 서비스 증진 등을 골자로 하는 보건의료 시스템 개혁을 단행하였다. 또한 정부는 2009년 11월부터 발생한 신종플루, 변종플루에 속수무책이었던 보건 체계를 바로잡고자 2010 봄, 건강보험에 기초를 둔 새로운 공중 보건 체계를 소개하였다. 2010년 1월 당시 우크라이나 신종플루 사망자는 700명을 넘어서며 보건 체계의 취약성을 드러냈었다.

5) Health profile

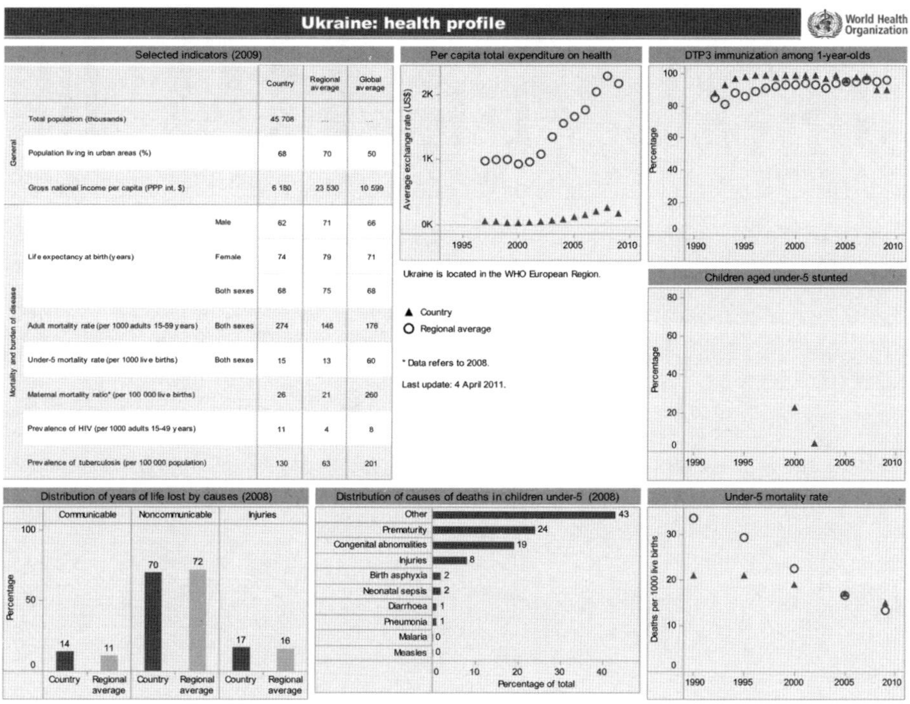

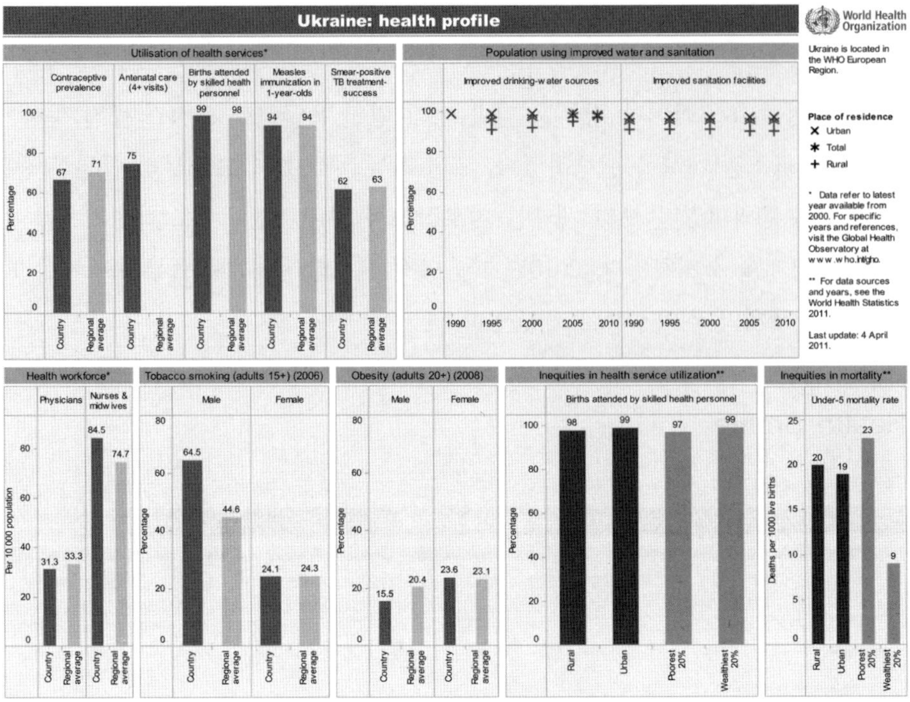

출처: WHO(World Health Organization), Country health profile.

III. 벨라루스(Belarus)

III. 벨라루스(Belarus)

수도	민스크
종족구성	벨라루스인(81.2%), 러시아인(11.4%), 폴란드인(3.9%), 우크라이나인(2.4%)
공용어	벨라루스어
종교	동방 정교회(80%)
통화	벨라루스 루블(Belarusian ruble, Rbl)

1. 벨라루스의 문화

1) 개요

러시아, 우크라이나와 더불어 3대 슬라브 정교 국가로 분류되는 벨라루스는 오랜 역사에도 불구하고 항상 타민족과 주변 강대국들의 지배를 받아 왔으며, 1991년 소비에트 해체 이후에야 독립국가로서의 지위를 획득했다. 기나 긴 역사 동안 벨라루스 땅은 리투아니아 대공국, 폴란드-리투아니아 연방, 제정러시아와 소비에트 등 여러 강대국에 속해 있었으며, 현재와 같은 모양의 영토는 소비에트 정부가 들어선 이후인 1939년에 형성되었다. 그리고 1991년 8월 25일에 독립을 선언하였다. 주민의 80% 이상이 벨라루스인이며, 그 외 러시아인, 폴라드인, 우크라이나인들이 살고 있다. 대표 종교는 러시아 정교이지만, 헌법으로

공식 종교를 선포하지는 않았다.[1)]

벨라루스는 '백(白) 루테니아(백 러시아)'라는 뜻을 가지고 있는데, 이 말의 기원에 관해서는 몇 가지 설이 있다. 인종-종교적인 이론에서는 리투아니아 대공국의 루테니아 땅에 살고 있던 초기 슬라브 기독교도들을 이교도 발트인들이 거주하던 흑(黑) 루테니아와 구분하기 위해 부르던 이름에서 유래되었다고 설명하고 있다. 다른 이론으로는 당시 슬라브 주민들이 입었던 흰 색의 옷에서 기원했다는 설이 있다. 루테니아와 루시라는 이름은 자주 혼동되었으며, 백 루테니아는 종종 백 러시아로 언급되곤 했다. 17세기 러시아는 리투아니아 공국으로부터 이 지역을 탈취한 이후 백 러시아라고 불렀다. 러시아 황제들은 스스로를 '전 러시아의 황제'라고 불렀는데, 전 러시아는 대러시아(러시아), 소러시아(우크라이나), 백 러시아(벨라루스)를 포함하는 것으로, 이들 세 나라의 정치가나 국민들은 서로 인종적, 종교적으로 긴밀하게 연관되어 있다는 의식을 공유하고 있었다고 볼 수 있다. 제정러시아 시대에 벨라루스인들은 러시아 국민의 일부로 인식되었으며, 벨라루스어는 러시아어의 방언으로 받아들여졌다.

현재 벨라루스 땅에 슬라브인이 처음으로 정착한 것은 6세기경이었다. 13세기 이후 몽골의 지배를 받다가 후에 많은 공국들이 리투아니아 대공국에 합병되었다. 1795년 러시아가 폴란드-리투아니아 연맹을 해체시킨 이후 벨라루스 땅은 러시아제국에 흡수되었다. 1941년 나치 독일이 침략해 들어왔을 때 벨라루스의 브레스트 요새에서 벌어진 전쟁은 제2차 세계 대전의 가장 격렬한 발화지점의 하나로 알려져 있다. 또한 독일의 침략에 맞서 싸운 벨라루스인들의 영웅적인 행동으로도 유명하다. 당신 독일은 벨라루스 공화국의 290개 도시 중 209개, 산업의 85%, 백 만 개 이상의 건물을 파괴했다. 사망자 수만 2백만에서 3백만(전체 인구의 3분의 1)에 이르는 것으로 추정된다.[2)] 전쟁이 끝난 후 벨라루스에서는 즉각적인 전후 복원작업이 시작되었으며, 소비에트 정부는 이 지역을 유럽 러시아의 제조업 중심지로 발전시켰다. 벨라루스는 1990년 7월 27일 주권을 선언했고, 1991년 8월 러시아의 옐친(Boris Yeltsin) 대통령, 우크라이나의 크라브추크(Leonid Kravchuk) 대통령과 함께 소비에트 연방의 해체와 독립국가연합의 형성을 공식적으로 선언했다.

벨라루스의 인구분포를 살펴보면 벨라루스인이 대략 84% 정도를 차지하고 있으며, 러시아인이 8%, 폴란드인이 3%, 우크라이나인이 2% 정도이다. 벨라루스의 공식 언어는 벨라루

---

1) 벨라루스 문화 전반에 대해서는 http://en.wikipedia.org/wiki/Belarus 와 http://en.wikipedia.org/wiki/Belarusian_culture를 참조하였음.

2) Axell, Albert, 2002, *Russia's Heroes, 1941~1945*, Carroll & Graf Publishers, p.247.

스어와 러시아어 두 개인데, 흥미롭게도 벨라루스인들은 벨라루스어보다는 러시아어를 더 많이 사용한다. 주민의 72%가 러시아어를 주 언어로 사용하고 있으며, 벨라루스어 사용자는 12%에 불과하다. 이곳에서는 러시아어가 주 언어이고 자기네들의 언어인 벨라루스어는 두 번째 공식 언어일 뿐이다.

2) 지리

벨라루스는 내륙 국가로서 비교적 평평하고 넓은 습지를 포함하고 있다. 국토의 40%는 숲으로 이루어져 있고, 지하자원으로는 이탄층, 적은 양의 석유와 가스, 화강암, 백운암, 이회토, 진흙 등이 있다. 1986년 국경에서 가까운 우크라이나의 체르노빌 원전 폭발사고로 방사능의 70%가 벨라루스로 넘어왔으며, 우크라이나에서보다 더 많은 피해를 입었던 것으로 보고되고 있다. 2005년 조사에서는 국토의 5분의 1이 여전히 방사능에 오염되어 있음이 확인되었다.

3) 종교

벨라루스의 주 종교는 러시아 정교이며 주민의 80% 정도가 정교 신도이다. 서쪽 지역에서는 가톨릭이 널리 퍼져 있고, 그 밖에 프로테스탄트도 있지만, 많은 벨라루스인들은 벨라루스가 러시아에 합병된 이후 러시아 정교로 개종을 하였으며, 그 결과 러시아 정교도의 수가 월등히 많아졌다. 주민의 10% 정도를 차지하고 있는 가톨릭은 주로 서쪽에 살고 있는 폴란드와 리투아니아인들을 중심으로 퍼져 있다.

4) 문화

벨라루스 문화는 여러 세기 동안 여러 민족과 왕조들의 지배를 받으면서 다양한 문화의 수용과 혼합이라는 특징을 만들어 냈다. 발트 원주민과 슬라브 이주민, 초기 정착민들의 이교도, 비잔틴 정교와 문화 전통, 가톨릭, 정교, 유대교, 이슬람 등의 종교의 다양성 등이 모두 그 요인이 되고 있다.

- 음식: 벨라루스 요리는 주로 채소, 고기, 빵으로 이루어진다. 음식은 보통 천천히 조리를 하거나 은근한 불에 오래 끓여서 만든다. 밀과 호밀 빵 모두 벨라루스 사람들이 즐

겨 먹는 주식이지만, 기후나 자연 상태가 거칠기 때문에 밀보다는 호밀이 더 많이 생산된다. 주인은 손님에 대한 환대의 표시로 빵과 소금을 제공한다. 인기 있는 음료로는 발효된 흑빵이나 호밀 가루로 만든 크바스와 보드카가 있다.

- 의상: 벨라루스의 전통 의상은 기본적으로 키예프 루시 의상에서 기원하고 있다. 차가운 날씨 때문에 옷은 몸을 따뜻하게 해줄 수 있는 직물들로 만들어진다. 옷은 다양한 색깔의 실로 수를 놓거나 장신구를 달아 화려하게 만든다. 남자들은 셔츠와 바지를 입고 허리를 벨트로 여미며, 여자들은 좀 더 긴 셔츠와 파니오바라는 이름의 두루마리 같은 치마를 입고 머리에는 스카프를 두른다.

2. 벨라루스의 의료 현황

Total population	9,634,000
Gross national income per capita(PPP international $)	12,120
Life expectancy at birth m/f(years)	64/76
Probability of dying under five(per 1000 live births)	12
Probability of dying between 15 and 60 years m/f(per 1000 population)	324/117
Total expenditure on health per capita(Intl $, 2009)	730
Total expenditure on health as % of GDP(2009)	5.8

Figures are for 2009 unless indicated.

Source: Global Health Observatory.

Population data(in thousands)	2010	2009	2008	2007	2006	2000	1990	1980
Total population	9,588	9,634	9,679	9,724	9,770	10,054	10,260	9,658
Live births	96	96	96	96	95	92	145	157
Surviving infants	95	95	95	95	94	90	142	154
Pop. less than 5 years	479	476	472	466	461	473	807	745
Pop. less than 15 years	1,406	1,419	1,436	1,461	1,494	1,885	2,367	2,210
Female 15-49 years	2,544	2,579	2,613	2,642	2,666	2,666	2,482	2,502

United Nations, Population Division, The World Population Prospects–the 2008 revision, New York, 2009.

1) 기대수명(Life expectancy at birth)

세계보건기구는 2009년 벨라루스의 기대수명을 남성 64세, 여성 76세로 보고하고 있다. 남녀 평균 기대수명은 70세로 글로벌 평균보다는 다소 높으나, 유럽 평균 기대수명보다는 5년 정도 낮은 수치이다. 여성의 기대수명은 1989년에서 1996년 사이 3년 감소했으나, 이후 안정되어 다소 증가하는 추세를 보이고 있다. 그러나 남성의 경우는 같은 시기 5년이나 감소했다. 세계보건기구는 벨라루스 인구가 기대수명의 11%(8년)를 질병 및 장애에 소비하고 있다고 밝히고 있다.

벨라루스의 경우 만성질환의 예방과 관리, 특히 노년층의 보건을 위한 의료 시스템의 전환이 요구되며, 노동연령층의 건강 개선과 질병 관리가 시급한 상황이다.

2) 주요 사인

1987년부터 최근까지 벨라루스 남성 사망률은 꾸준히 증가(약 41%)하였다. 이는 주변 유럽 국가들의 남성 평균 사망률에 비해 매우 높은 수치이다. 여성의 경우도 1989년 이후 꾸준히 증가하였으나, 1996년 정점에 도달한 후 2003년 이후부터는 안정된 수치를 보이고 있다.

벨라루스 인구의 주요 사망 요인은 비전염성 질환으로 전체 사망의 72%를 차지한다. 52%는 순환기질환에 의한 것이었으며, 암은 13%이다. 외부 요인에 의한 사망은 12%로 집계되고 있으며, 전염성 질환에 의한 사망은 1%를 차지하고 있다.

주요 위험 요소들로는 남성의 경우 알코올 섭취(21.2%), 흡연(19.7%), 고혈압(15.6%), 높은 콜레스테롤 수치(13.0%) 등이며, 여성의 경우는 고혈압(18.3%), 높은 콜레스테롤 수치(15.6%)이다.

Ten leading disability groups as percentages of total disability-adjusted life-year(DALYs) for both sexes in Belarus(2002)

Rank	Males		Females	
	Disability groups	Total DALYs(%)	Disability groups	Total DALYs(%)
1	Cardiovascular diseases	28.2	Cardiovascular diseases	31.9
2	Unintentional injuries	19.4	Neuropsychiatric conditions	18.0
3	Neuropsychiatric conditions	12.5	Malignant neoplasms	9.7
4	Malignant neoplasms	9.3	Unintentional injuries	6.9
5	Intentional injuries	8.0	Sense organ diseases	5.6
6	Respiratory diseases	3.8	Musculoskeletal diseases	5.5
7	Digestive diseases	3.6	Respiratory diseases	3.9
8	Infectious and parasitic diseases	3.5	Digestive diseases	3.5
9	Sense organ diseases	3.1	Intentional injuries	2.7
10	Musculoskeletal diseases	2.3	Diabetes mellitus	2.3

Source: Background data from WHO(2003c).

Ten leading risk factors as causes of disease burden measured in disability-adjusted life-year(DALYs) in Belarus(2002)

Rank	Males		Females	
	Risk factors	Total DALYs(%)	Risk factors	Total DALYs(%)
1	Alcohol	21.2	High blood pressure	18.3
2	Tobacco	19.7	High cholesterol	15.6
3	High blood pressure	15.6	High BMI	12.2
4	High cholesterol	13.0	Low fruit and vegetable intake	8.1
5	High body mass index(BMI)	7.7	Physical inactivity	6.2
6	Low fruit and vegetable intake	7.7	Alcohol	4.9
7	Physical inactivity	4.9	Unsafe sex	2.1
8	Illicit drugs	2.7	Illicit drugs	1.5
9	Occupational risk factors for injuries	1.3	Lead	0.9
10	Lead	1.3	Childhood sexual abuse	0.8

Source: Background data from WHO(2003c).

(1) 심혈관질환

벨라루스에서 주요 사망의 원인이 되는 질환은 심혈관질환이다. 남성의 경우 계속 증가 추세에 있고, 여성의 경우 다소 안정세를 보이고 있으나 여전히 높은 수치이다. 심혈관질환은 대부분 25세 이상 성인들에게 발생되는데, 주목할 점은 65세 이하 남성의 사망률이 전체 유럽에서 4번째로 높은 수치를 나타내고 있다는 것이다.

허혈성 심장질환은 벨라루스에서 가장 높은 사망률(2002년 남성 28.2%, 여성 31.9%)을 보이고 있는 질환으로 사망 위험이 유럽 선진국들에 비해 5배 높다. 25~64세 남성의 경우 이 질환으로 인한 사망자 수는 전체 유럽에서 두 번째로 높을 뿐만 아니라, 유럽 선진국들에 비해서는 6배 높다. 여성의 경우 최근 안정된 추세를 보이고 있으나, 유럽 선진국들에 비해서는 7배 높다.

뇌혈관질환에 의한 사망은 남녀 모두 전 연령층에서 유럽 평균보다 낮은 수준이지만, 남성의 경우 꾸준한 증가세를 보이고 있다.

심폐질환에 의한 사망률은 벨라루스 전체 인구와 65세 이상 인구의 경우 매우 낮으나, 25~64세의 경우는 유럽 선진국 평균에 비해 높은 편이다.

(2) 암

암은 벨라루스 전체 사망률의 13%를 차지하고 있어 전체 유럽 평균보다는 낮은 수치(유럽 선진국의 경우 28%)를 보이고 있다. 75세 이하 전 연령층에서는 점차 감소 추세에 있으나, 25~64세 남성의 경우는 유럽에서 4번째로 높은 수치를 보이고 있다.

3) 벨라루스 보건의 문제점

벨라루스는 경제난으로 인한 의약품 부족 현상이 이미 위험 상태에 도달해 있다. 기본적인 의료 용품의 경우 대부분 수입에 의존하고 있고 국내 생산을 위한 원료 또한 수입에 의존하고 있는 실정이다.

현 정부가 약속해 온 국가의료보장제도에도 불구하고 만성적인 외화 부족 현상으로 이미 수개월 동안 해외로부터 의료 용품과 의약품을 구입하지 못하고 있어 결국 정부는 보조 의약품 항목을 대폭 축소하는 방안을 발표해 국민 보건이 위험 수준에 도달해 있다. 2011년 8월 보건부 장관이 주도하는 위원회를 발족, 의약품에 대한 외화 할당에 대한 결정을 내릴 수 있도록 하고 있으나 법적 규제가 없어 제대로 기능을 하지 못해 많은 환자들이 고통을 받고 있다.

이러한 벨라루스의 의료 시스템 위기는 이미 과거부터 예견되어 왔을 정도로 심각한 문제였다. 세계보건기구의 발표에 따르면 벨라루스 남성 기대수명이 64세로 주변 국가들에 비해 매우 낮고 더 나은 치료나 병상 확보, 심지어 위급한 수술을 위해서도 병원 담당자에게 뇌물을 주는 관행이 일반화되어 있을 정도로 보건 전반이 낙후되어 있다. 의료진 또한 임금 수준이 매우 낮아 많은 의사들과 의료 전문가들이 이미 벨라루스를 떠난 상태이다.

저렴한 알코올과 담배, 미숙한 보건 시스템 관리 등은 벨라루스인들의 수명을 단축시키고 만성질환 환자를 증가시키는 근본적인 요인이다. 전반적으로 경제 위기에 기인한 것들이지만, 보건 시스템은 국민들의 생존과 직결되는 문제인 만큼 근본적인 대책이 필요한 상황이다.

4) Health profile

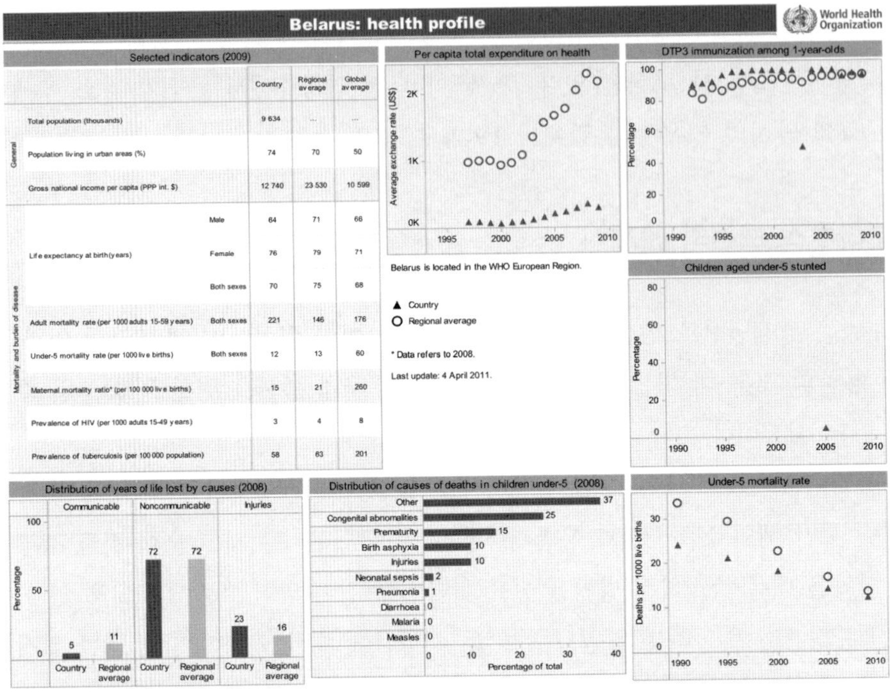

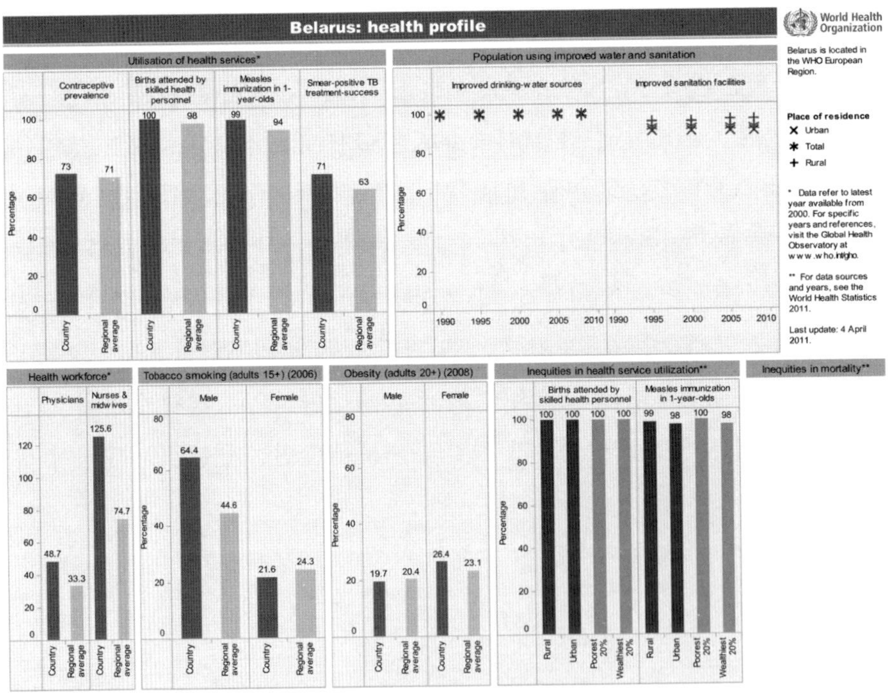

출처: WHO(World Health Organization), Country health profile.

IV. 중앙아시아 5국

Ⅳ. 중앙아시아 5국

우즈베키스탄(Uzbekistan)

수도	타슈켄트
종족구성	우즈베크인(80%), 러시아인(5.5%), 타지키스탄인(5%), 카자흐인(3%), 카라칼팍인(2.5%), 타타르인(1.5%)
공용어	우즈베크어
종교	이슬람교(88%), 동방 정교(9%)
통화	숨(soum)

카자흐스탄(Kazakhstan)

수도	아스타나
종족구성	카자흐인(53.4%), 러시아인(30%), 우크라이나인(3.7%), 우즈베크인(2.5%), 독일인(2.4%)
공용어	카자흐어, 러시아어
종교	이슬람교(47%), 러시아 정교(44%), 개신교(2%)
통화	텡게(Tenge)

키르기스스탄(Kyrgyzstan)

수도	비슈케크
종족구성	키르기스인(64.9%), 우즈베크인(13.8%), 러시아인(12.5%)
공용어	키르기스어
종교	이슬람교(75%), 러시아 정교(20%)
통화	솜(Som, K.S.)

타지키스탄(Tajikistan)

수도	두샨베
종족구성	타지크인(79.9%), 우즈베크인(15.3%), 러시아인(1.1%), 키르기스인(1.1%)
공용어	타지크어
종교	수니파 이슬람교(85%), 시아파 이슬람교(5%)
통화	소모니(somoni)

투르크메니스탄(Turkmenistan)

수도	아시가바트
종족구성	투르크멘인(85%), 우즈베크인(5%), 러시아인(4%)
공용어	투르크멘어
종교	이슬람교(89%), 동방 정교(9%)
통화	마나트(Manat)

1. 중앙아시아 국가의 문화

1) 개요

중앙아시아는 카자흐스탄, 우즈베키스탄, 키르기스스탄, 타지키스탄, 투르크메니스탄의 5개 나라로 구성되어 있다. 이 지역은 수세기 동안 수많은 상인들, 인종, 상품, 학문 등이 동과 서를 오고가는 중간 지역에 위치하고 있다는 지리적 이점 덕분에 풍부한 문화적 번성을 경험하였다. 과학이나 예술에서 거두었던 과거의 영광과 업적은 기념비나 고고학적 지역들에 반영되어 있다. 이 지역에 먼저 정착했던 민족은 이란인들이었지만, 후에 투르크 유목민이 대거 이주해 오면서 현재 중앙아시아의 대표 민족으로 자리 잡게 되었다. 두 민족의 정착 과정에서 갈등과 전쟁이 있기도 하였지만, 이란 정착민과 투르크 유목민 사이의 상호작용에 의해 문화적 다양성은 더욱 풍부해졌다. 특히 이 지역 주민 대다수는 수니 무슬림이라는 종교적 공통성을 통해 민족으로서의 개별 정체성보다는 단일 지역공동체 구성원으로서의 충성심을 더 강하게 보여 준다. 현재와 같이 5개의 공화국으로 분리된 것은 비교적 최근의 일로서, 소비에트 혁명 이후 정치적 편의를 위해 정부에 의해 일방적으로 결정되었다. 중앙아시아는 러시아뿐만 아니라 유럽 열강들이 앞다투어 관심을 보이기도 한 곳인데, 특히 그들은 이 지역의 석유, 가스, 금, 면화, 비단 등에 관심을 가지고 있었다.[1)]

중앙아시아는 유라시아 대륙 중앙에 스텝과 오아시스의 결합으로 이루어져 있다. 5개 국가의 국경과는 별개로 지형적으로는 북쪽 스텝과 스텝-숲지대, 서쪽의 건조한 사막 지대, 남쪽과 남동쪽의 고산 지대, 아무다리야 강과 시르다리야 강 사이의 비옥한 계곡과 사막, 높은 산과 중앙 평원 사이의 경계에 완만하게 솟아 있는 계곡 등 5개 지대로 나뉜다. 북쪽의 넓고 평평한 스텝과 숲-스텝 지대가 중앙아시아의 반 정도를 차지하고 있으며, 이곳은 카자흐스탄의 영토이다. 남서쪽의 건조하고 물이 부족한 사막지대는 투르크메니스탄과 우즈베키스탄까지 펼쳐져 있다. 주요 고산 지역은 카자흐스탄과 키르기스스탄 남동쪽에서 타지키스탄과 우즈베키스탄 남쪽까지 이른다. 아무다리야와 시르다리야 강 사이 비옥하고 인구밀도가 높은 계곡과 오아시스는 우즈베키스탄, 타지키스탄 북쪽, 키르기스스탄 남서쪽을 아우른다. 페르가나 계곡 같은 경우 키르기스스탄, 타지키스탄, 우즈베키스탄 사이에 나뉘어 있는데, 이곳은 중앙아시아에서 가장 인구밀도가 높은 지역 중 하나이다. 기후는 비교적 온화하고 건조하여 많은 사람들이 몰려들다 보니 인종 간, 국가 간 갈등과 긴장이 끊이지 않고 있다. 키르기스스탄, 타지키스탄, 우즈베키스탄에서 시작하여 투르크메니스탄 남쪽까지 이어지는 완만하게 솟은 계곡들은 중앙아시아 지역에서 사람이 살기에 가장 적절한 곳이다. 이곳은 산에서 흘러내려 오는 수많은 시냇물 덕분에 음용수와 관개수가 풍부하며, 온화한 기후, 적절한 강수량을 보이고 있다.

현재의 중앙아시아 지역은 5개의 분명한 정치, 경제, 문화적 경계를 가진 지정학적 통합체이다. 그러나 과거 이곳에는 현재의 경계 안에 있는 지역 전체를 아우르는 단일 정치적 통합체가 한 번도 없었다. 중앙아시아의 많은 지역들은 다른 국가와 제국, 문명에 합병되

1) 중앙아시아 문화에 대해서는 Abazov, Rafis, 2007, *Culture and Customs of the Central Asian Republics*, Westprot: Greenwood Press, pp.1-78, 213-256을 참조하였음.

었으며, 때로는 전혀 다른 문화적 풍경을 가지기도 했다.

제정러시아에 정복된 후에도 이들은 하나의 종교 문명 공동체로 받아들여졌으며, 그에 걸맞게 행정조직이 구성되어 있었다. 현재와 같은 행정구역이 확립된 것은 1920년대 중반에 이르러서였다. 1924년 중앙집행위원회는 중앙아시아 경계 설정과 소비에트 사회주의 공화국들의 설립에 관한 법령을 제출했다. 이러한 발걸음은 이 지역의 정치 발전에 있어 중요한 변화를 의미했다. 왜냐하면 중앙아시아는 비교적 희미하고 약한 인종적 정체성에 따라 분리되어 있었기 때문이다. 몇 단계를 거쳐 1936년 소비에트 헌법은 마침내 중앙아시아의 행정 구획과 정치적 지위를 확립했다.

2) 자원

현대 정치 무대에서 중앙아시아가 새롭게 주목을 받고 있는 가장 큰 이유는 이곳에 석유와 가스의 매장량이 상당하기 때문이다. 러시아 못지않게 풍부한 지하자원을 보유하고 있는 중앙아시아는 자원을 무기화하는 러시아에 대항할 수 있는 주요 대안으로서 주변 국가들의 많은 관심을 받고 있다. 그러나 중앙아시아의 지하자원은 각 공화국들 사이에 불균등하게 분포되어 있다. 가장 크고 부유한 나라인 카자흐스탄의 석유 매장량은 180억 배럴에서 260억 배럴에 이르는 것으로 알려져 있다. 가스 매장량은 1조 8천억에서 2조 5천억 입방미터 정도로 독립국가 연합국들 중에서 두 번째이다. 그 밖에도 많은 양의 석탄, 철광석, 크롬, 코발트, 구리, 몰리브덴, 금, 우라늄과 다양한 금속들을 보유하고 있다. 투르크메니스탄 역시 거대한 양의 석유와 가스가 매장되어 있다. 2005년 자료에 따르면 투르크메니스탄의 가스 수출은 전 세계 9위를 차지했다. 우즈베키스탄도 상당한 양의 석유와 가스 매장량을 가지고 있는데 입증된 석유 매장량은 6억에서 20억 배럴에 이른다. 우즈베키스탄은 석탄, 구리, 금, 몰리브덴, 은, 우라늄 등을 보유하고 있지만, 가장 많은 생산물은 목화이다. 반면 키르기스스탄과 타지키스탄의 경우는 매우 적은 양의 석유와 가스 매장량을 가지고 있어 상대적으로 다른 나라들에 비해 경제성장이 더딘 편이다. 대신 안티몬, 금, 수은, 석탄, 우라늄 등의 광물은 상당량 매장되어 있다.

3) 인구

중앙아시아 인구는 2006년 자료에 따르면 약 5천 5백만 명에 이른다. 대부분의 개발도상국가들과 마찬가지로 빠른 경제성장은 도시와 지방 사이의 간격을 더 벌려 놓았으며, 사람들은 돈을 벌기 위해 도시로 몰려들거나 비옥한 계곡 주변에 모여 살기를 선호한다. 덕분에 도시에서는 다양한 민족들이 뒤섞여 살아가고 있는 모습을 목격할 수 있다. 그들은 수세기에 걸쳐 함께 살면서 서로의 문화, 관습, 전통 등을 풍부하게 만들어 왔다. 많은 문화적 요소들이 지역이나 국가에 따라 서로 달랐지만, 지역을 넘어서서 모든 사람들 사이에 유사한 요소들도 많다. 연장자에 대한 존경이나 가족에 대한 헌신, 강한 공동체적 혹은 부족적 관계 등과 같은 동양적 가치는 중앙아시아 어느 곳에서든지 쉽게 목격할 수 있다. 그러나 무엇보다 이곳 사람들이 스스로를 단일 공동체로 이해하게 만든 것은 이슬람이라는 종교와 투르크어이다. 수많은 부족과 서로 다른 자연환경, 경제 활동의 차이에도 불구하고 그들은 같은 언어를 사용하고 같은 종교를 믿고 있다는 점에서 스스로를 하나의 문화 공동체로 이해하는 경향이 있다.

카자흐인은 천 6백만 명 정도에 이르는 인종 그룹이다. 그들은 카자흐스탄 인구의 다수를 구성하고 있지만, 상당수는 중국, 몽골, 러시아, 키르기스스탄, 우즈베키스탄에 흩어져 살고 있다. 카자흐인 대부분은 수니 무슬림으로서 그들의 조상들은 12세기에서 16세기 사이에 이슬람으로 개종했다. 과거 카자흐인들은 유목민으로 말이나 양, 낙타 등을 키우며 중앙아시아 북쪽 사막과 초원 지대에 모여 살았다. 카자흐스탄과 몽골 사이 지역에 수세기 동안 거주하던 카자흐인들은 15세기와 16세기경에 다른 부족들과 분리되어 자신들의 정체성을 발전시키기 시작했다. 그들 대부분은 18세기에서 19세기 말 사이에 외교적인 협상을 통해 러시아제국에 복속되었다. 또한 제정러시아 말기 근대화 과정과 20세기 소비에트의 강력한 도시화・집단화를 겪으며 대부분의 사람들은 유목민의 생활방식을 버리고 도시나 마을에 정착하는 삶을 택했다.

키르기스인들은 키르기스스탄 주민의 대부분을 구성하고 있으며, 그 밖에 아프가니스탄, 중국, 카자흐스탄, 러시아, 타지키스탄, 터키, 우즈베키스탄 등에 흩어져 살고 있다. 그들 대부분은 수니 무슬림으로 11세기에서 16세기 사이에 이슬람으로 개종한 것으로 알려져 있다. 전통적으로 키르기스 사회는 우익과 좌익(키르기스어로 솔 카나트와 옹 카나트이다)이라는 두 개의 주요한 부족 연맹으로 나뉘어 있었으며 이들 두 그룹은 역사적으로 상당한 자치와 상호 간의 독립을 유지하고 있었다. 이러한 분리는 현재까지 국가 정치나 문화적 발전에 영향을 미치고 있다. 키르기스인들의 전통적 생활 방식은 유목이며 그들은 말과 양, 염소, 야크 등을 길렀다. 20세기 들어서 그들의 생활 방식은 상당히 변했으며, 그들 중 다수는 도시 지역에 정착하기 시작했다. 투르크 칸국(6세기에서 10세기)의 시기 동안 다양한 투르크어 사용 그룹들이 현 키르기스의 조상 부족을 형성하기 시작했다. 그들은 정치적 혼란과 유목 제국의 불안정함 때문에 알타이, 신장, 톈산 산맥 동쪽 사이를 이동해 다녔다. 16세기에서 17세기 사이에 키르기스인들은 이웃 부족이나 인종들과 구별되기 시작하였고 키르기스인으로서의 정체성이나 언어를 개발했다. 대부분의 키르기스 부족들은 19세기 후반에 외교적 협상을 통해 러시아제국에 복속되었다.

타지크인들은 주로 타지키스탄에 살고 있다. 그 외에 상당수의 타지크인들이 아프가니스탄, 우즈베키스탄에 흩어져 살고 있으며 중국과 카자흐스탄, 키르기스스탄, 러시아 등지에서도 그들의 그룹이 발견된다. 타지크인들은 중앙아시아에서 유일하게 페르시아어를 사용한다. 그들의 언어인 타지크어는 페르시아 구어에 가깝다. 그러나 시아 무슬림이 주류인 이란(페르시아의 후예)과는 달리 타지크인 대부분은 수니 무슬림으로서 언어 외에는 역사, 문화, 전통, 종교 등 많은 것을 중앙아시아 민족들과 공유하고 있다. 전통적으로 타지크인들은 곡물이나 벼, 목화, 비단, 포도, 복숭아 등을 생산하는 농업에 종사하였다. 현재의 타지크 문화는 소그디아나와 박트리아, 초기 페르시아 제국의 고대 문화에 뿌리를 두고 있다. 대부분의 타지크인들은 19세기 후반 외교적인 협상을 통해 러시아제국에 복속되었다. 그러나 러시아는 많은 산악 지역들에 대해 상징적이거나 명목상의 통제를 했을 뿐이다.

투르크멘인은 투르크메니스탄 주민의 다수를 구성하고 있다. 그 밖에 상당수의 투르크멘인들이 아프가니스탄, 이라크, 이란 등지에 흩어져 살고 있다. 그들 대부분은 수니 무슬림으로 그들의 조상들은 9세기에서 15세기 사이에 이슬람으로 개종했다. 과거 투르크멘인들은 말이나 양, 낙타 등을 키우며 유목에 종사했지만, 20세기 이후 상당수의 사람들은 유목 생활을 버리고 도시나 마을에 정착했다. 투르크멘인들은 14세기에서 17세기 사이에 이웃 부족들과 분명한 차이를 띠게 되고 자신들의 문화와 언어를 개발하기 시작하면서 정체성을 공고히 했다. 많은 투르크멘인들은 19세기 러시아제국의 진출에 격렬하게 저항했지만, 몇 번의 패배 이후 제국의 지배를 받아들였다.

우즈베크인들은 중앙아시아에서 가장 규모가 큰 인종 그룹으로 우즈베키스탄 안에서만 약 2천만 명 정도에 이르는 것으로 알려져 있다. 대부분의 우즈베크인들은 우즈베키스탄에 살고 있지만, 큰 규모의 우즈베크 공동체들이 이웃 중앙아시아 국가들이나 아프가니스탄에 흩어져 있다. 주민의 대다수는 수니 무슬림이다. 역사적으로 우즈베크인들은 곡물,

벼, 목화, 비단, 포도, 복숭아 생산 등 농업에 종사했다. 우즈베크인들은 14세기에서 16세기 사이에 자신들만의 독자적인 언어와 문화를 개발했으며, 특히 고대도시인 부하라와 사마르칸트는 동서 문명이 교차하는 지점으로서 다른 어떤 중앙아시아 도시들보다 화려한 역사와 문화적 전통을 보유하고 있다. 19세기 후반 러시아제국은 우즈베크인들이 거주하던 주요 중심지에 대한 통치를 확립했다. 그러나 여전히 많은 우즈베크 공동체는 러시아의 영역 밖에서 반독립의 상태를 유지했다. 1920년대 소비에트의 행정편의적인 국경 설정을 통해 우즈베키스탄공화국이 새롭게 설립되었다.

4) 종교와 사상

중앙아시아가 개별 국가들의 독자성보다 하나의 커다란 문화 공동체로 인식될 수 있는 가장 큰 이유는 지역 주민들 대부분이 수니 무슬림이라는 공통의 종교를 신봉하고 있기 때문이다. 이슬람이 전파되기 전 수많은 인종과 부족, 유목민과 농경민 등으로 구성되어 있던 중앙아시아 주민들은 그들의 인종만큼이나 다양한 고대 신앙을 가지고 있었지만 1200년 전 이슬람이 전파되면서 문화적, 학문적으로뿐만 아니라 사회 정치적으로도 발전할 수 있는 가능성을 얻었다. 이슬람이 전파되는 과정에서 중앙아시아에서는 중세 유럽에서와 같은 파괴적인 종교 전쟁이나 충돌은 없었다. 한편으로는 많은 인종 공동체가 인종이나 종족 간의 적대심 때문에 서로 고립되어 살고 있었기 때문이며, 다른 한편으로는 독립적인 정신을 가졌거나 지적인 호기심을 가진 유목민들은 이슬람의 도덕과 영적 개념을 흡수함으로써 정신적 진공 상태를 채우려 했기 때문이다.

이슬람은 8세기 초 아랍 전사들이나 선교사들에 의해 처음으로 중앙아시아 지역에 들어왔다. 이들은 이슬람 전파 초기에 지역 통치자들의 반대에 부딪혀 크고 작은 충돌과 전쟁을 벌이기도 했지만 결국에는 그들을 성공적으로 패배시켰다. 아랍인들은 지역의 종교 집단들, 특히 조로아스터교나 샤머니즘 추종자들을 가혹하게 대하며 그들의 사원이나 성소를 파괴했고, 종교 지도자들을 박해했다. 이것은 지역 주민들의 강한 저항을 불러일으켰고 여러 차례의 봉기와 오랫동안 상호간의 적대감을 가져왔다.

8세기 말과 9세기 초 주요한 봉기들은 진압되었고, 양측은 모두 함께 사는 법을 배워갔다. 바로 이런 관용 덕분에 문화나 종교적인 다양성에 대한 상호 간의 이해가 생겨났으며, 중앙아시아 무슬림의 종교적 관용성은 이후 러시아와의 관계에서도 긴장을 완화시키는 데 중요한 역할을 했다. 이슬람이 정착한 후 400년 동안 중앙아시아는 위대한 문화적, 정치적 교환의 공간으로 알려지게 되었다. 무슬림 학자들은 고대 그리스와 페르시아, 헬레니즘의 텍스트들을 번역하여 중앙아시아 지역에 위대한 학문을 전파시켰다. 중앙아시아 학자들은 새로운 무슬림 교육기관인 마드라사를 처음으로 설립한 사람들 중의 하나였다.

반면 유라시아 스텝 유목민들의 이슬람 수용은 정착민들과는 다른 양상을 보여 주었다. 그들은 이슬람을 천천히 받아들였으며, 그들의 이슬람 개종은 12, 13세기, 몇몇 지역에서는 15세기까지 계속되었다. 투르크와 몽골 부족들 역시 이 지역의 문화적 발전에 공헌했다. 중앙아시아의 이슬람 통치자들은 투르크 유목민들을 덜 경건한 무슬림으로 생각했지만 용맹한 무사로서는 그들을 존경했다.

이처럼 이슬람 수용 과정에 있어 시기나 정도의 차이는 있지만, 중앙아시아 전체는 20세기 초 소비에트의 무신론 정책이 강력하게 추진될 때까지 전 세계 무슬림 지역들 중에서 종교적으로나 학문적으로 중요한 한 축을 담당하고 있었다. 무슬림 성직자들은 단지 종교 지도자에 머물지 않고 무슬림들의 삶 전체에 영향력을 행사하려 하였으며 스스로를 이슬람 사상의 중심, 순수하고 수정되지 않은 이슬람 사고의 진정한 마지막 수호자라고 생각했다. 그러나 그들은 외국 세력에 의한 식민화에 직면하면서 무기력함을 드러냈다. 19세기 말 중앙아시아의 모든 칸국들(부하라, 히바, 코칸트)은 러시아제국의 원정대에 패배 당했다. 침략자들에 대한 전면적인 지하드(성전) 호소에도 불구하고 군대의 용감성만으로는 서구식 무기와 기술로 무장한 러시아 군인들을 당해낼 수가 없었다. 울라마(이슬람 학자)들이 정신적으로 순수한 종교 교육을 선호하여 현대적 교육 시스템을 격렬하게 거부했기 때문에 그들은 발달된 서구 지식을 습득할 기회가 없었다. 그들의 관점은 점점 더 현실과 조화를 이루지 못했다. 예를 들어 몇몇 울라마들은 기차나 자동차를 '악마의 수레'라고 언급하면서 충실한 무슬림이라면 그러한 차들의 사용을 금지해야 한다고 주장했다.

19세기 말 보수적인 이슬람 학자들에 저항하는 젊은 무슬림 그룹이 나타나기 시작했다. 아랍어로 '새로운'을 뜻하는 자디드 그룹을 결성한 개혁주의 성향의 젊은 무슬림들은 무슬림 공동체가 유럽에서 배워야 한다고 선언했다. 물론 보수적인 울라마들은 개혁주의 성향의 젊은이들을 비난했고 교리에 충실하라며 고집스럽게 훈계했다. 이러한 대립은 점점 심해져서 1917년 볼셰비키 혁명과 내전(1918~1923)을 거치는 동안 정점에 달했다. 보수주의 이슬람 성직자들은 볼셰비키 무신론자들과 그 지지자들에 대한 성전을 선언했고, 정치적 반대자들에 대한 잔악 행위에 축복을 내리기도 했다. 그에 대한 보복으로 볼셰비키 인민위원들은 붉은 군대에게 무슬림 저항운동뿐만 아니라 그들 저항의 상징인 모스크(이슬람 사원)와 마드라사(이슬람 학교)를 파괴하도록 명령을 내렸다. 내전이 끝나자마자 소비에트 정부는 모든 이슬람 사원의 땅과 재산을 몰수하고 수많은 마드라사와 모스크의 문을 강제로 닫았다. 1920년대에서 1930년대 초 공산당 정부의 무신론 캠페인이 정점에 달한 기간에는 수백 개의 모스크와 마드라사가 도서관이나 학교, 극장과 같은 공공건물로 바뀌거나 파괴되었다.

그러나 공산당 정부의 강력하고 무자비한 종교 탄압에도 불구하고 무슬림들의 종교에 대한 의지와 믿음을 완전히 파괴시킬 수는 없었다. 특히 스탈린 정부는 제2차 세계 대전 동안에 이슬람을 포함하여 모든 종교 공동체에 대한 탄압 정책을 일부 수정하였다. 그 후 사람들은 개인적인 문제에 관련된 경우, 체제를 비판하지 않고, 정치에 참여하지 않고, 종교적 가치에 바탕을 둔 어떠한 단체나 운동, 정당을 조직하지 않는 한에서 무슬림으로서 기도를 드리는 것이 허락되었다. 결과적으로 소비에트는 무신론 국가를 건설하려는 목표를 달성하지 못했다. 중앙아시아 이슬람 학자인 샤흐람 아크바르자데흐는 이것을 다음과 같이 설명하고 있다. “소비에트 권력은 코란을 읽고 해석하도록 훈련을 받는 성직자의 수는 통제할 수 있었지만, 전통적 예배의식이나 축제 등은 거의 파괴할 수 없었다.”[2] 공공의 영역에서 이슬람은 허용되지 않았지만, 중앙아시아 무슬림들은 가족적인 차원에서는 철저하게 이슬람 전통을 유지했다. 실제로 출생, 이름 짓기, 소년들의 할례, 결혼, 장례와 같은 모든 가족적 전통은 이슬람 전통에 따라, 이맘이나 이샨과 같은 이슬람 권위자들의 입회 하에 수행되었다. 이슬람 공립학교가 불법화되자 많은 무슬림 학자들은 사립학교를 설립하여 자신들의 지식을 아이들에게 가르쳤다.

소비에트가 붕괴된 후 중앙아시아 무슬림들은 또 한 번 중요한 변화를 맞이하게 되었다. 짧은 시간 동안 주요한 종교적 억압이 제거되었으며, 모든 무슬림 공동체는 새로운 모스크를 열거나 기존의 지하 모스크를 합법화할 수 있게 되었다. 자유롭게 메카로 순례여행(하지)을 다녀오고 종교 학교에 참석하는 사람들도 급격히 늘어났다. 이슬람은 중앙아시아 국가들의 일상생활에서 자신들의 지위를 회복했다. 1991년 이후 그들은 지역 자치단체나 공적 기금을 동원하여 모스크와 마드라사를 보수하거나 새로 짓는 일을 하고 있다. 평균 하루에 세 개씩 모스크가 세워졌다. 새로운 이슬람 학교도 거의 모든 지역에 문을 열었다. 메카로의 순례여행을 떠나는 사람들의 수도 1970년대, 1980년대 일 년에 특별허가를 받은 100여 명 정도에서 1990년대와 2000년대 초에는 1년에 수천 명으로 늘어났다. 종교적인 훈련을 받은 젊은 사람들로 구성된 이슬람 원리주의자들도 빠르게 늘어났다. 그들은 이슬람

---

2) Ibid., p.70에서 재인용.

전통을 더 엄격하게 지킬 것을 요구했고 종교가 정치적 삶에 더 많이 관여해야 한다고 주장했다.

그러나 공식 이슬람 성직자, 특히 소비에트 교육을 받아 온 구세대 무슬림들은 종교와 정치는 분리되어야 한다는 관점을 여전히 견지하고 있다. 비무슬림 국가체제 내에서 오랜 세월 동안 다양한 문명의 사람들과 평화롭게 공존하는 법을 배워 왔고, 한동안 무신론의 시대를 경험했던 중앙아시아 무슬림의 종교 의식이나 삶의 태도는 분명 중동의 이슬람과는 다르다. 그들은 대부분 여전히 서구식 복장을 하고 있고 사회화나 행동양식에 있어 개방적이다. 소비에트에서 독립한 이후 1990년대 초 새로 만들어진 중앙아시아 국가들의 헌법에는 "종교와 모든 숭배의식은 국가로부터 분리되어야 한다", "종교에 바탕을 둔 정당 설립은 허용되어서는 안 된다", "어떠한 종교 조직도 정치적 목적이나 목표를 추구해서는 안 된다"는 항목을 포함하고 있다.

카자흐스탄과 키르기스스탄에서 이슬람의 부활은 비교적 온건한 편이었다. 역사적으로 정착민보다는 유목민이 많은 이 지역은 이슬람을 수용하는 과정도 오래 걸렸고, 이슬람화의 정도도 남쪽 지역보다는 약했기 때문에 부활의 과정에서도 그러한 현상이 나타난 것이다. 많은 모스크나 마드라사가 문을 열기는 했지만, 그들 사회는 여전히 대단히 세속적이다. 1990년대 초 몇몇 행동주의자들이 정치 그룹을 형성하고 정치와 공적 삶에서 이슬람의 역할을 더 확장할 것을 요구했지만, 그들은 사람들의 지지를 별로 받지 못했으며, 국회에서 의석도 차지하지 못했다.

타지키스탄의 경우는 완전히 반대였다. 1990년대 초 이슬람 행동주의자들은 '타지키스탄 부활 이슬람당'을 설립하고 타지키스탄 공산당의 정치적 지배에 도전하는 몇몇 민주주의 그룹들과 연합하였다. 이슬람당은 1991년 대통령 선거에서 공산당 후보를 패배시키기 위해 지지자들을 동원하기도 했다. 그러나 그들이 선거에 패배하자 이슬람당 지지자들은 부정선거라고 선언하며 공산당을 붕괴시키기 위해 본격적인 행동에 나섰다. 두 집단 간의 정치적 충돌은 지역 클랜(씨족)들의 경쟁으로 더욱 복잡해졌으며, 이후 5년 동안 계속된 전면적이고 참혹한 내전으로 이어졌다. 1997년에 이르러서야 정치 경쟁자들은 국민 화합 정부를 만드는 데 동의했으며, 이슬람 정당과 단체들에게 30%의 의석이 제공되었다. 이것은 이전 소비에트 영토 내에서 이슬람 정당이 처음으로 의회 연합의 구성원이 되는 선례를 남겼다.

우즈베키스탄 역시 이슬람의 부활을 경험했다. 그러나 정부는 모든 종교 공동체를 단단하게 통제했으며, 이슬람 단체가 정치에 참여하는 것을 금지했다. 이러한 환경에서 급진적인 무장 이슬람단체인 '우즈베키스탄 이슬람 운동'이 동쪽 지역에서 나타났다. 이 운동은 이슬람 신정 국가 건설을 요구하며 우즈베키스탄뿐만 아니라 중앙아시아 전체에서 가장 급진적인 정치조직으로 성장했다. 우즈베키스탄 보안부대는 이 조직을 1991년에서 2001년 사이 페르가나 계곡 우즈베키스탄 관할 지역으로 몰아냈다. 이 조직의 활동가들은 먼저 이웃 국가인 타지키스탄에서 은신처를 찾았다가 그 후 아프가니스탄으로 탈출했다. 그곳에서 그들은 탈레반 정부의 지지를 받았다.

투르크메니스탄에서도 정부와 이슬람 활동가들 사이에 논쟁이 펼쳐졌다. 정부는 한편으로는 국가 이데올로기와 국민 정체성을 통합하기 위해 이슬람의 상징을 사용했고, 새롭고 거대한 모스크 건설과 옛 모스크 복원을 후원했으며, 메카로의 순례여행에 대한 재정적 지원을 하기도 했다. 반면 정치에 영향을 줄 수 있는 종교 단체의 발전은 단단하게 통제했으며 관행을 따르지 않는 이슬람 단체의 대표자들은 처형했다.

중앙아시아의 종교적 환경은 대단히 역동적이고 다양하다. 새로운 과격한 종교 조직들이 더욱 적극적으로 활동을 재개하기도 하지만, 영향력이 있는 공식 이슬람 성직자들은 정치적 삶에 연루되지 않는 것을 더 선호한다.

5) 여성

중앙아시아 여성들의 이미지는 동방의 신비라는 베일 뒤에 감추어져 있었으며, 이해하기가 매우 어려웠다. 그러나 오늘날 중앙아시아 젊은 여성들의 옷차림이나 행동양식은 서구 여성들과 별반 차이가 없다. 그들은 최신 유행하는 서구식 복장을 하고 2~3개의 외국어를 할 수 있으며, 친구나 동료들과 자유롭게 산책도 하고 데이트도 한다. 그러나 도시를 조금만 벗어나면 상황은 달라진다. 여성들은 엄격한 이슬람 규범에 따라 보수적인 전통 복장과 베일을 하고 있다. 많은 우즈베크 시골 여인들은 세상에 대해 아는 것이 거의 없으며, 남편이나 남자 친척의 허락 없이는 집밖으로 나가지도 못한다. 직장에서는 남성들을 지휘하며 강하고 단호할 것을 요구받는 여성들도 집에서는 절대적으로 조용하고 순종적이다. 전통 이슬람의 영향을 받아 순종적이고 헌신하는 삶을 사는 여성들이 있는가 하면, 소비에트 시대에 확립된 남녀평등의 이념을 충실히 따르려는 적극적인 여성들도 있다. 어떤 곳에서는 여성들이 교육의 기회, 전문적인 경력, 배우자를 자유롭게 선택하지만, 다른 곳에서는 결혼이 그들을 집 안에 가두어 놓는다. 어떤 여성들은 진정하고 헌신적인 무슬림이 될 것을 주장한다. 동시에 베일 쓰기를 거부하고 가정이나 공공의 삶에서 지도적인 위치를 차지하는 여성도 있다.

중앙아시아 여성들의 사회적 지위는 눈에 보이지 않는 무수히 많은 사회적·문화적 관습, 종교 전통, 가족의 경험, 교육적 성취, 지역 발전의 역사 등에 따라 형성되었다. 특히 소비에트 시절의 남녀평등 시스템에서 나고 자라온 구세대 무슬림들을 중심으로 남성과 여성의 차별, 결혼의 불평등, 가족적 가치 등에는 많은 변화가 있어 왔다. 현재 남성과 여성의 관계는 매우 복잡하며 빠르게 변화하고 있다.

19세기 중앙아시아를 방문했던 많은 서구의 여행자들은 동방의 삶과 특히 동방의 여성들에 대한 낭만적인 이야기와 회고록을 남겼다. 그들의 기록 속에 동방의 여인은 "달과 같은 얼굴, 붉은 뺨, 완벽하고 날렵한 기마 자세[3)]" 등으로 대단히 아름답고 신비한 모습으로 묘사되고 있다. 그러나 실제 아시아 여인들의 지위는 낭만적 여행기나 회화 등에서 그들이 상상했던 것과는 많이 달랐다. 19세기 말과 20세기 초 중앙아시아 여성들은 억압적이고 보수적이며 비우호적인 환경에서 살았다. 부모나 남편, 친척들은 여성을 소유물로 보았다. 결혼은 부모가 정해 주는 대로 해야 했으며 여성들은 배우자를 선택하는 데 아무런 발언권도 없었다. 대부분의 여성들은 높은 벽 안쪽에 격리되거나 고립되었고, 적절한 교육을 받거나 직장을 구할 기회는 전혀 가지지 못했다. 여성의 부모들은 많은 경우 사위를 고르는 기준으로 칼림이라고 불리는 지참금의 액수를 고려하였다. 여성들은 결혼 전에 처녀성을 지키는 것이 매우 중요했으며, 그들이 아버지나 남성 친척들 이외의 남자와 만나는 경우 돌에 맞아 죽는 경우도 많았다. 결혼 후에는 남편에게 아무리 학대를 당해도 집을 떠날 수가 없었다. 결혼 전 데이트는 상상할 수도 없는 일이었으며, 거의 모든 결혼은 부모나 중매쟁이들에 의해 이루어졌다.

그들의 전통에서는 가족의 가치를 지키는 것이 공동체의 이익이며, 개인의 이익보다 공동체의 이익을 우선시해야 했다. 중앙아시아 농경 사회에서 가족은 경제 활동의 핵이었다. 따라서 중매결혼은 사회 구조나 사회적 안정을 유지하기 위해 매우 중요한 수단이었다. 공동체의 구성원이 재앙이나 사고를 당하면 전체 구성원이 와서 손해를 입은 재산을 회복시키거나 고아와 농장을 돌보고 땅을 경작하는 것을 도와주고, 미망인이 된 여성의 배우자를 구해 주는 일을 함께했다. 여성들에게도 이혼을 할 권리가 있었지만 지방 법정에서 자신들의 사건을 증명해야만 했다. 여성들은 이혼이나 남편 사망 시 적은 양이기는 하지만 상속의 권리도 인정받았다. 그러나 이 경우에도 약탈자, 강도, 부정직한 사람들로부터 그들의

3) Ibid., p.215.

안전을 지켜 줄 보호자가 반드시 있어야만 했다.

반면 유목민 지역 여성 무슬림들의 상황은 상당히 달랐다. 그들은 개인적인 삶에 있어 더 많은 자유를 누렸다. 베일을 쓸 필요가 없었고, 남성들과 연락을 주고받는 일을 금지당하지도 않았다. 여행을 할 수도 있었고 높은 벽 안에 갇히지도 않았다. 중앙아시아는 여왕이 통치를 할 수 있는, 19세기 전 세계에서 유일한 무슬림 공간이었다. 그러나 유목민의 여성 지도자들마저도 평화협정이나 정치적, 군사적 결합을 확고히 하기 위해 다른 부족 지도자나 대표들과 결혼을 하도록 강요받았다. 여성들은 말 경주 시합에서 우승자에게 트로피로 주어지기도 했고, 합법적인 수단으로 결혼할 수 없는 남자들에 의해 납치되기도 했다.

1917년 볼셰비키 정부가 들어선 이후 그들은 즉각적으로 소비에트 인민으로서의 평등권을 선언했고, 그러한 원칙 하에서 모든 여성들에게 남성과 동등한 권리를 부여했다. 그러나 이것은 원칙의 선언이었을 뿐, 다양한 지역들에 이식하는 것은 다른 문제였다. 특히 중앙아시아에서 여성해방을 말하는 것은 쉬운 일이 아니었다. 오랜 세월 동안 사회나 가족의 삶을 규제하던 관습과 전통을 깨버린 이 관념은 중앙아시아인들에게 충격을 주었으며, 그들을 반볼셰비키 저항 운동으로 몰아넣었다.

이러한 개혁이 자리를 잡기 시작한 것은 혁명과 내전이 모두 끝난 1920년대 중반부터였다. 우선 회교 율법(샤리아)과 관습법(아다트)이 금지되었다. 결혼과 출생 등록과 같은 모든 가족 이슈는 세속 정부에 이양되었으며, 이슬람식 결혼 축하연은 법적으로 인정받지 못했다. 또한 새로 도입된 민법에서는 여성의 평등권을 보장했다. 소비에트 정부는 강요된 결혼이나 지참금, 일부다처제 등을 금지했다. 무슬림 여성들에게 교육의 기회를 열어 주었으며, 단지 권장만 한 것이 아니라 학교 수업을 받도록 강요했다.

여성 해방을 위한 이 모든 투쟁은 강력하고 광범위한 운동이었던 후줌에서 절정에 달했다. 1927년 시작된 이 운동은 10년 이상 지속되었다. 이 운동에서 볼셰비키 정부가 겨냥했던 것은 가장 눈에 잘 띄는, 과거의 삶이자 전통의 상징인 무슬림 여성의 베일(파란자)을 벗기는 것이었다. 볼셰비키 지도자들은 여성들의 베일이야말로 여성에 대한 학대이고 전근대적 유물이라고 강조하며 베일을 벗음으로써 현대적이고 자유주의적인 인간으로서의 여성의 권리를 획득할 수 있다고 주장했지만, 전통사회의 종교 지도자들은 이것을 자신들의 권위에 대한 도전으로 받아들였다. 여성들 내부에서도 후줌 운동과 관련한 의견이 찬반으로 나뉘었다. 그들 중 상당수의 여성들은 베일을 벗으라는 국가의 요구를 받아들이지 않았다.

중앙아시아는 전통적인 정착민 지역인 키르기스스탄, 타지키스탄, 투르크메니스탄, 우즈베키스탄 대부분의 도시와 마을들이 전쟁터가 되었다. 싸움은 매우 격렬했으며, 여성 해방에 반대하는 사람들은 수세기에 걸친 전통에 도전하며 소비에트 체제를 받아들인 수천 명의 중앙아시아 여성들을 살해하였다. 이 싸움은 1930년대 말 소비에트가 승리를 선언하면서 끝났다. 그들의 보고에 따르면 많은 여성들이 베일을 벗었으며, 일부의 나이든 여성들만이 이것을 거부했다. 그러나 실제로는 1960년대까지 많은 여성들이, 특히 시골에서는 엄격한 이슬람의 복장 규정을 준수했다.

복장 규정이나 공적인 외형의 변화는 가정에서의 여성의 지위에는 중요한 영향을 미치지 못했다. 남성은 생계를 책임지고 여성은 육아와 가정을 담당한다는 전통적 사회 역할론은 가부장적 가족 체계 내에서는 여전히 유효했다. 많은 가정에서 여성들의 삶에 대한 통제는 여전히 계속되었다. 여성들의 개인적 활동이나 교육, 자기 계발 등은 여전히 제한받았다. 그러나 사회 개혁, 도시화, 경제 변화 등은 점차 중앙아시아 여성들의 일상적 삶에도 영향을 미치기 시작했다. 소비에트 당국은 중앙아시아 출신 여성들을 공산당에 적극적으로 추천했으며, 공적 부분이나 창조적 직업에 진출하도록 여성들을 격려했다. 직업에 여성 할당량 제도를 유지하기도 했다. 그 결과 20세기 중반, 일하는 여성은 일반적인 현상이 되었다. 소비에트 당국에서는 '해방여성들'의 대규모 회의를 지원하였고, 정당 기구 안에 여성부를 신설했다. 이러한 노력들 덕분에 적어도 공적 영역에서의 여성들은 남성과 동등한 권리를 보장받았다.

중고등학교나 대학은 여성들의 사고를 변화시키는 데 결정적인 역할을 했다. 소비에트 시대 대중의 의식 속에 확립된 가장 중요한 변화 중의 하나는 남녀 구분 없이 교육의 정도에 따라 동등하게 평가받을 수 있는 가능성이 열렸다는 것이다. 중고등학교와 대학들은 신세대 여성들에게 남녀가 함께 공부하고 노동하는 새로운 문화를 소개했다.

6) 가족

무슬림 사회에서 가족은 다른 어떤 가치보다 중요한 삶의 초석으로 여겨진다. 무슬림들은 개인으로서보다 가족 공동체의 구성원으로서의 역할에 집중해야 하며, 그들에게는 가족을 위한 삶이 개인적 자아실현에 우선한다. 모든 중앙아시아 성인 남녀는 가족을 꾸리는 것을 당연하게 생각해 왔으며, 가족이야말로 중앙아시아 사회의 초석이었다. 그러나 현재 중앙아시아 공화국들의 결혼 비율은 전 세계 평균 수준으로 알려져 있다. 우즈베키스탄이 인구 1,000명당 7.9명으로 16위를 차지하고 있으며, 타지키스탄이 6.8명, 카자흐스탄 6.2명, 키르기스스탄 6.0명, 투르크메니스탄 5.9명이다. 비교를 해 보자면 영국은 10.7명, 미국은 8.6명, 터키는 8.0명이다.4)

중앙아시아 무슬림들은 부모나 조부모뿐만 아니라 가깝거나 먼 친척 모두와 강한 유대 관계를 맺고 있다. 가깝거나 멀거나에 관계없이 모든 친척의 이름을 외우고 있어야 하고, 가족이나 친척들의 결혼식이나 출산, 할례와 같은 중요한 행사에는 많이 참석해야 한다. 가까운 친척들이 몇 세대가 한 장소에서 함께 모여 살거나 때로는 같은 주거 공간 안에 사는 것도 흔한 일이다. 중앙아시아 국가들은 전 세계에서 가장 큰 가족을 가진 상위 50개국 안에 든다. 예를 들면 우즈베키스탄은 평균 가족수가 5.9명으로 13위, 키르기스스탄은 5.2명으로 45위, 카자흐스탄과 투르크메니스탄은 5.1명으로 48위를 차지하고 있다. 스웨덴은 2.1명, 영국은 2.3명, 미국은 2.8명 등이다.5)

1950년대와 1960년대 소비에트 전체에 나타난 도시화는 중앙아시아에도 밀어닥쳤으며, 이 시기 동안 중앙아시아의 도시화는 사람들의 생활방식에 상당한 변화를 가져왔다. 가장 중요한 변화로는 도시의 부모들이 상당히 적은 수의 자녀를 가지기 시작했다는 것이다. 젊은 부부들은 결혼 후 과거처럼 남자 부모의 집으로 들어가는 것이 아니라 자신들의 집을 사서 부모의 집을 벗어나기 시작했다. 이로 인해 핵가족화는 더 가속화되었다.

1991년 이후 중앙아시아 사회는 성과 가족 삶에 있어 본질적인 변화를 경험했다. 그러나 국가별 경제성장의 수준이나 문화적 전통에 따라 변화의 방향은 다르게 나타났다. 성별과 관련된 발전 지수를 보면 산업화되고 경제적으로 빠른 성장을 보이는 카자흐스탄은 태국, 베네수엘라, 우크라이나의 뒤를 이어 전 세계 61위를 차지하고 있다. 이 지수는 필리핀이나 중국보다 앞서는 것이다. 반면 농업을 주로 하는 키르기스스탄과 우즈베키스탄은 이란, 알제리, 베트남의 뒤를 이어 각각 85위와 86위이다.6)

2000년대 초 각 국가는 경제적 위기 때문에 이전 세대들이 향유하던 평생 고용, 의료혜택, 연금 등을 보장할 수 없게 되었다. 젊은 세대는 새로운 현실에 적응해야만 했다. 그 결과 출산율이 급격하게 떨어졌다. 전통적으로 노동집약적인 농업에서의 위기와 도시 생활이 주는 매력은 점점 더 많은 사람들을 대도시 중심으로 모이도록 했다. 1991년과 2006년을 비교해 보면 도시 인구가 거의 두 배 가까이 증가했음을 알 수 있다. 도시와 농촌 공동

4) The Economist, 2002, *Pocket World in Figures* (2002 ed.), p.82.
5) Ibid., pp.84-85.
6) UNDP, 2005, *Human Development Report 2005: International Cooperation at a Crossroad*, pp.299-301.

체 사이에는 거대한 변화가 나타났다.

국가 제도의 약화는 노동 계급, 특히 여성들에게 어려움을 가져다주었다. 독립한 중앙아시아 국가들은 헌법을 통해 여성의 권리와 자유를 보장하는 내용을 명문화해 놓았지만, 그것을 법이나 규칙으로 강요할 수는 없는 상황이 되었다. 어려운 경제 여건 속에서 여성 노동자들은 남성보다 먼저 직장에서 해고되었고, 학대와 성희롱에 노출되는 일이 많아졌으며 월급에서도 차별을 받았다.

이러한 변화에 맞서 극단적으로 보수적인 단체들이 나타나기 시작했다. 그들의 주 근거지는 중앙에서 멀리 떨어져 있는 도시나 마을, 주요 도시의 외곽 등으로, 상대적으로 중앙 정부의 영향력이 덜 미치는 곳이다. 이들 단체들은 이슬람 전통, 일부다처제, 여성의 격리와 같은 보수적인 가치를 강조하며 전통적 삶의 방식으로 돌아갈 것을 주장했다. 여성들은 이른 나이에 강제로 결혼을 당하기도 하고 집에 머물며 순종적인 아내가 되고, 보수적인 규칙에 따라 행동하고 복장 규정을 엄격하게 지키는 등 전통적인 역할로 돌아갈 것을 요구받았다. 이들 지역에서는 남성의 전통적인 역할이나 가치, 행동양식 등을 강조하는 남성 지배 문화가 되돌아오고 있다.

7) 축제

독립 이후 중앙아시아 국가들의 축제와 여가 활동은 이슬람 전통, 국가적 축제, 현대의 세속적 이벤트 등이 뒤섞인 복합 문화로 바뀌었다. 국가 전통이나 공공 축제, 축일들은 지역에 따라 많은 유사성이 있기는 하지만 나라마다 다르다. 지방의 주민들은 농사와 관련된 이슬람 축일이나 전통적인 지방 축제에 열성적이며 도시 거주자들은 이슬람 축제와 세속적인 축제 모두를 즐긴다.

중앙아시아 사람들은 긴밀히 연결된 공동체와 그 안에서의 소속감을 매우 높게 평가한다. 그래서 그들은 가족이나 친척들과 함께 많은 축제나 축일을 즐기기를 좋아한다. 축일이 되면 사람들은 가장 좋은 전통 복장을 하고 밖으로 나간다. 이날 거리에서는 양 싸움이나 수탉 싸움, 말 경주, 레슬링을 하는 사람들을 만날 수 있다.

(1) 이슬람 축제

근대 이전 중앙아시아는 모든 이슬람 축제를 축하했다. 그러나 소비에트 시기 공식적으로 이러한 축제를 즐기는 것은 불법화되었으며, 사람들은 가족이나 공동체 안에서 개인적으로만 축하할 수 있었다. 1991년 독립 이후 이슬람 축일은 빠르게 부활되었으며, 국가에 의해 공식적인 축일로 인정받았다. 라마단, 우라자 바이람(아랍어로는 에이드 알-피트르), 쿠르반 바이람(아랍어로는 에이드 알-아드하) 등의 이슬람 축제가 대표적이다.

(2) 나우루즈

나우루즈는 새해의 시작을 알리는 전통적인 봄축제로서, 중앙아시아에서는 고대 이후, 이슬람이 전파되기 이전부터 존재해 왔다. 이 축제의 종교적, 철학적 의미는 오래전에 잊혔지만, 대부분의 중앙아시아 사람들에게는 1년 중 가장 크고 흥겨운 축제로 받아들여진다. 이 기간 동안에는 엄격한 규칙이나 규범들이 많이 완화된다는 것이 특징이다. 축제는 고대 이란의 태양력에 따라 봄의 첫날 시작하기 때문에 봄축제라고 부르는데, 관습적으로 3월 21일이나 22일에 시작한다. 소비에트 기간 동안에는 사라졌다가 1991년 이후 모든 중앙아시아 국가들에서 공식 축제로 복원되었다. 공원이나 광장에서는 다양한 음악과 춤 공연이 이루어지고, 사람들은 직접 공연에 참여하기도 한다. 상인들은 길거리나 큰 시장에서 음식이나 기념품을 판다. 사람들은 활기 넘치는 나우루즈가 1년간의 좋은 기분과 행운을 가져다준다고 믿는다. 축제 전 며칠 동안은 집 안에 먼지 하나 없게 하는 것도 중요하다. 1년 중 새 옷을 사는 것도 이 때이다.

공원이나 광장에는 젊은 사람들을 위해 그네가 설치된다. 보통 이 기간 동안에 젊은 남녀들은 사회적 관습이나 금기를 깨뜨린다는 비난을 받지 않고 서로 자유롭게 만날 수 있다. 젊은 남자들은 평소 자기가 마음에 들어 했거나 매력을 느꼈던 여성들을 축제에 초대한다. 밤에는 거리나 도시 외곽에 모닥불을 피우는데, 젊은 미혼의 남성들은 자신의 용기를 보여 주고 과거의 잘못을 정화하기 위해 불 위로 뛰어넘는다. 가끔은 용감한 미혼의 여성들이 불 위를 뛰어넘기도 한다.

축일의 가장 중요한 부분 중의 하나는 부모나 친척을 방문하여 함께 식사를 하는 것이다. 고대 이란의 전통에 따르면 식탁 위에는 7가지 코스의 식사가 준비되어 있어야 했지만, 현재는 그러한 전통의 의미를 아는 사람들이 거의 없다. 사람들은 또한 축제를 위해 특별한 음식을 마련해야 하는데, 그중 하나가 코제이다. 7가지 내용물이 들어가야 하는 코제는 현재 모든 주요 도시나 마을의 거리들에서 나우루즈 기간 동안 판매되고 있다.

(3) 가족 및 공동체 축제

중앙아시아 사람들은 여가나 오락을 즐기더라도 가족이나 공동체 주변에서 하는 것이 일반적이다. 이곳에서는 가족의 가치를 매우 소중하게 여기며 가능하면 자주 친척들과 만나고 함께 지내려고 한다. 모든 가족 구성원들이 1년 동안 돌아가면서 친척들을 초대하여 식사대접을 하는 것이 비공식적인 규칙이 되고 있다. 이렇게 함으로써 가족 간에 강한 유대감을 가질 수 있고 서로에게 필요할 때에 필요한 도움과 지원을 제공할 수 있다고 믿고 있다.

(4) 토이스

가족 축하연이라는 뜻의 토이스는 모든 사람들의 개인적 삶에 있어 가장 중요한 행사이다. 그들은 보통 결혼, 출생, 첫 손자, 할례, 새 집 건설 등과 같은 일이 있을 때 모여서 축하를 한다. 토이스는 매우 큰 행사로서 보통 100명에서 200명, 심지어 300명 내지 400명이 모이는 경우도 있으며, 짧으면 하루, 길게는 사흘까지도 이어진다. 사람들은 모든 친척들, 이웃, 동료, 친구들을 초대한다. 우연히 이웃에 있던 사람들도 초대된다. 이전의 경쟁자들도 토이스에 초대되는데, 서로 화해를 할 수 있는 훌륭한 기회가 되기 때문이다. 이 축제는 규모가 크기 때문에 사전에 준비가 잘되어야 하며, 많은 사람들이 준비 과정에 참여한다. 손님들은 약간의 돈을 가져오기도 하고 가구나 차량, 음식을 제공하기도 하고 그렇지 못한 사람들은 손님 시중이나 청소 등으로 도움을 주기도 한다.

8) 음식

중앙아시아는 여러 문명이 교차하는 대륙 중간에 위치하고 있기 때문에 음식 역시 주변의 많은 이웃 국가들, 특히 인도, 중동, 유라시아 스텝 지역의 영향을 받아왔다. 중앙아시아 내부에서는 일상의 음식과 주요 축일에 준비하는 음식에 많은 변형들이 있다. 예를 들어 말고기는 카자흐스탄, 키르기스스탄, 우즈베키스탄의 몇몇 지역들에서만 인기가 있다면, 양고기와 소고기, 국수, 빵, 구운 파이 등은 모든 지역에 걸쳐 인기가 있다. 지역 주민들은 이슬람 전통에 따라 돼지고기는 먹지 않는다.

중앙아시아 사람들은 손님을 환대하는 것이 대단히 중요하다고 생각한다. 집 안에 들어온 사람은 손님이건, 심지어 이방인이라 하더라도 음식을 나눠먹기 위해 초대하는 것이 전통적이다. 점심이나 저녁 식사는 몇 시간 동안 계속되는 것이 일반적인데 식사 중에 사람들은 가족 문제나 시사적인 문제 등을 토론하고 심지어 사업 거래도 할 수 있다. 손님이 식사를 하지 않거나 적게 먹으면 주인은 상당히 불쾌해 한다.

전통적인 식사는 녹차와 난이라고 불리는 집에서 만든 빵으로 시작된다. 그 다음에 수프가 나온다. 수프는 주로 두툼한 고기에 야채나 국수를 넣어 만든다. 주 요리는 매운 양념의 고기와 쌀, 잘게 다진 당근 등을 넣어 만든 필라프인 경우가 많다. 필라프에는 수백 가지의 변형이 있으며 모든 도시나 마을들마다 한 가지씩은 자기들만의 필라프가 있다. 카자흐스탄과 키르기스스탄의 주 요리는 '다섯 손가락'이라는 뜻의 베쉬-바르막이다. 이것은 신선하게 요리한 양고기를 국수와 함께 담아 내놓는 것이다. 가장 존경하는 손님에게는 양머리 전체를 대접하는데, 그러면 손님은 적어도 한 조각(혀, 귀, 눈 등)은 먹어야 한다. 그 밖에 양고기 꼬치구이인 샤슬릭이 나오기도 한다. 디저트로는 신선한 과일(사과, 배, 달콤한 멜론, 수박, 포도)이나 말린 살구 등이 제공된다. 전통적으로 중앙아시아 사람들은 탄산수나 과일 주스를 마시지 않는다. 가장 중요하고 인기 있는 유일한 음료수는 차, 특히 녹차이다.

2. 중앙아시아 국가의 의료 현황

1) 우즈베키스탄의 의료 현황

Total population	27,488,000
Gross national income per capita(PPP international $)	2,660
Life expectancy at birth m/f(years)	66/71
Probability of dying under five(per 1000 live births)	36
Probability of dying between 15 and 60 years m/f(per 1000 population)	220/139
Total expenditure on health per capita(Intl $, 2009)	152
Total expenditure on health as % of GDP(2009)	5.2
Figures are for 2009 unless indicated.	

Source: Global Health Observatory.

Population data(in thousands)								
	2010	2009	2008	2007	2006	2000	1990	1980
Total population	27,794	27,488	27,191	26,900	26,611	24,776	20,515	15,952
Live births	564	558	553	549	546	574	717	565
Surviving infants	538	532	527	523	520	544	672	523
Pop. less than 5 years	2,601	2,585	2,576	2,576	2,586	2,859	3,270	2,415
Pop. less than 15 years	7,954	8,054	8,180	8,327	8,482	9,259	8,392	6,528
Female 15-49 years	7,944	7,833	7,708	7,571	7,426	6,447	4,797	3,660

United Nations, Population Division, The World Population Prospects—the 2008 revision, New York, 2009.

(1) 기대수명(Life expectancy at birth)

우즈베키스탄의 2009년 기대수명은 69세(남성 66세, 여성 71세)로 주변 중앙아시아 국가들보다 3~6년 정도 긴 수치인 반면 유럽 선진국들(78.9세)에 비해서 매우 짧다.

세계보건기구에 따르면 2003년 우즈베키스탄의 건강수명(disability adjusted life expectancy)[7]은 평균 59.4세(남성 57.9세, 여성 60.9세)로 유럽 선진국의 71.6세에 비해 약 12.2세가 짧다. 스웨덴은 유럽에서 건강수명이 가장 높은 국가로 무려 73.3세(남성 71.9세, 여성 74.8세)에 달한다. 우즈베키스탄 60세 인구의 건강수명은 남성 10.8년, 여성 12.6년으로 스웨덴의 17.1년, 19.6년에 비해 매우 낮다.

---

7) 건강수명(disability adjusted life expectancy, DALE)은 평균수명에 건강 상태를 반영한 것으로, 평균수명에서 병이나 부상 등으로 인한 장애기간을 뺀다.

수명 연장과 관련한 생활양식의 변화가 점차 요구되고 있으며, 노인성 질환과 만성질환 등의 예방과 관리에 장기적인 국가관리 체계가 시급하다.

(2) 주요 사인

2003년 우즈베키스탄의 사망률은 유럽 선진국 평균에 비해 80% 정도 높은데, 성인보다는 아동 사망률이 높은 편이다.

다른 중앙아시아 국가들과 마찬가지로 외부 요인에 의한 사망률이 매우 낮은데, 특히 14세 이상 연령층의 비율은 유럽 선진국 평균에 비해서 매우 낮다.

암에 의한 사망률 또한 유럽 평균에 비해 낮으나, 전염성 질환이나 호흡기, 소화기질환에 의한 사망률은 유럽 평균을 상회하고 있다.

1차 의료기관을 통한 예방 치료로 조기 사망률을 감소시킬 수 있으며, 특히 심혈관질환 등 대부분의 사망 요인들을 방지할 수 있다.

Ten leading disability groups as percentages of total disability-adjusted life-year(DALYs) for both sexes in Uzbekistan(2002)

Rank	Males		Females	
	Disability groups	Total DALYs(%)	Disability groups	Total DALYs(%)
1	Cardiovascular diseases	18.7	Neuropsychiatric conditions	21.9
2	Neuropsychiatric conditions	16.6	Cardiovascular diseases	18.3
3	Unintentional injuries	12.5	Respiratory infections	7.4
4	Respiratory infections	9.1	Digestive diseases	6.3
5	Digestive diseases	6.2	Infectious and parasitic diseases	5.3
6	Infectious and parasitic diseases	6.1	Sense organ diseases	4.7
7	Perinatal conditions	5.4	Malignant neoplasms	4.6
8	Malignant neoplasms	3.7	Unintentional injuries	4.5
9	Respiratory diseases	3.6	Nutritional deficiencies	4.2
10	Sense organ diseases	3.4	Perinatal conditions	4.2

Source: Background data from WHO(2003c).

Ten leading risk factors as causes of disease burden measured in disability-adjusted life-year(DALYs) in Uzbekistan(2002)

Rank	Males		Females	
	Risk factors	Total DALYs(%)	Risk factors	Total DALYs(%)
1	Alcohol	7.4	High BMI	7.2
2	High body mass index(BMI)	5.7	High blood pressure	6.7
3	High blood pressure	5.7	High cholesterol	5.2
4	High cholesterol	5.5	Indoor smoke from solid fuels	3.7
5	Tobacco	5.4	Iron deficiency	3.4
6	Indoor smoke from solid fuels	4.1	Childhood and maternal underweight	3.3
7	Childhood and maternal underweight	4.0	Physical inactivity	2.6
8	Low fruit and vegetable intake	2.7	Low fruit and vegetable intake	2.5
9	Physical inactivity	2.5	Unsafe sex	1.8
10	Lead	1.5	Alcohol	1.6

Source: Background data from WHO(2003c).

① 심혈관질환

우즈베키스탄에서 주요 사망의 원인이 되는 질환은 심혈관질환으로 전체 사망률의 66% 정도를 차지하고 있다. 전체 심혈관질환에 의한 사망의 절반 이상이 허혈성 심장질환에 의한 것이며, 1/4은 뇌혈관질환이다.

심혈관질환으로 인한 사망은 1990년 이래로 계속 증가했다. 최근 안정된 수치를 보이고 있지만 여전히 우즈베키스탄 사망률에 있어 가장 큰 문제점으로 지적되고 있다.

② 암

우즈베키스탄의 경우 암에 의한 사망률은 세계보건기구 전체 유럽 지역과 비슷한 양상을 보이고 있고, 중앙아시아 국가 평균에 비해서는 낮은 사망률을 보이고 있다. 그러나 실제로 암에 의한 공식 사망 기록이 누락되는 경우가 많아 이에 대한 정확한 분석이 어려운 상황이다.

(3) 우즈베키스탄의 보건 개혁

우즈베키스탄은 1998년 11월 10일 대통령령으로 국제 기준에 부합하는 건강보험 구조와 의료 시스템 구축을 위한 개혁을 단행하였다. 이 프로그램은 숙련된 의료진을 배출하고 높은 수준의 공공 의료 서비스를 제공하는 등 새로운 국가의료 서비스 모델을 창출하는 것을 목표로 하였다.

이 개혁 프로그램으로 농촌 지역까지 1차 의료시설과 응급의료 서비스가 점차 확대되었고 임신, 출산, 육아 분야에 급진적인 향상이 있었다. 의료교육 분야나 의약품 개발 분야 또한 많은 발전이 있었다. 도시의 경우 병원, 치료시설, 건강센터 등이 많이 생겨났는데, 특히 응급 의료 분야에 많은 발전이 있어 최근 도시 지역에 국제 기준에 맞는 의료 서비스를 제공하고 있는 국가응급센터 12개 지부와 173개 지소가 운영 중이다.

임신, 출산, 보육 문제야말로 보건 분야에서 가장 집중적으로 지원되어야 할 부분이다. 이에 정부는 2009년 4월 13일 '임산부와 아이를 위한 추가조치'를 발표, 타슈켄트에서만 2010년 400만 달러가 지원되어 검진센터가 설립되었고 10만 명 이상의 임산부들이 이용하였다.

우즈베키스탄 정부는 장티푸스, 탄저균, 콜레라, 소아마비 등 전염성 질병의 위험을 완전히 극복했다고 보고하고 있다. 우즈베키스탄은 2002년 세계보건기구로부터 소아마비 안전국가임을 인정받았고 또한 이러한 개혁을 바탕으로 지난 20년간 산모 사망률과 영아 사망률이 2배 감소했으며 평균수명 또한 67세에서 73세, 여성의 경우 75세로 증가하였음을 강조하고 있다.

정부는 2010년부터 의료 시스템의 추가 개선을 위한 예산으로 1조 7천억 숨(약 9억 5천만 달러)을 배정하였다. 2011년에는 100대 국가 의료기관 투자 프로그램이 진행 중에 있어, 시설 개선과 설비 투자에 집중하여 국제 기준에 맞는 수술 전문센터들이 완공될 예정이다. 제약 분야에서도 2011년까지 제약기술 현대화의 기간으로 정하고 기술력 향상에 힘쓰고 있다. 과거 국가가 경영하는 3개의 제약회사에서 50여 종의 약품만을 생산했던 반면, 현재는 120여 제약회사에서 약 1,200여 종의 의약품과 의료 용품을 생산하고 있다.

(4) 우즈베키스탄 보건의 문제점

우즈베키스탄 보건 시스템의 가장 큰 문제점은 지나치게 중앙 정부에 집중되어 운영되고 있다는 것이다. 보건 전반에 대한 문제점을 인식하고 이에 대한 개혁을 단행하고 있지만 단기간에 그치고 있고, 정부는 국민들의 건강을 관리할 적절한 모형을 제시하고 있지 못하다. 보건 개혁은 주로 병원과 병상수를 증가시키고, 특히 지방 의료기관 시설을 늘려 1차 진료를 확대하려는 방향으로 진행되어 왔다. 그러나 이에 대한 재원은 항상 부족하고 우수한 의료진 또한 부족해 환자들은 일반의보다는 전문의에 의존하는 경향이 강하다.

우즈베키스탄에서는 일반적으로 응급 치료만 무상으로 지원하고 있다. 유료 서비스에 따른 비공식적인 지출이 증가해 환자들의 부담이 점차 커지고 있다. 하지만 임신 및 출산 환자, HIV/AIDS, 결핵, 매독과 같은 전염성 질환 환자와 유아들의 경우 입원 치료가 무상으로 제공된다. 그러나 이 경우에도 실제 비공식적인 비용이 요구되고 있으며 대부분의 환자들 특히 만성질환 환자의 경우 약을 구할 수 없는 상황이 벌어지고 있다.

국가 주도의 백신 프로그램이 잘 운영되고 있어 감염질병을 효과적으로 통제하고 있으나 물 공급원이 오염되어 기본적으로 깨끗한 상수도 공급이 원활하지 못해 물로 인한 발병률이 높아 장염이나 바이러스성 간염질환 등으로 국민 건강이 위협받고 있다.

이와 같이 우즈베키스탄이 처해 있는 보건의료 상황은 매우 심각한 수준이라 할 수 있는데, 앞으로 해결해야 할 문제점들을 지적해 보면 다음과 같다.

- 의료 시스템 발전을 위한 정부 정책 부재와 중앙 정부의 지나친 개입
- 의료제도의 취약성과 정보 시스템 부족
- 1차 의료진의 부족과 편중 현상
- 의료진들의 전문성 결여
- 공공 의료 및 간호교육 수준 저하
- 공공 의료 서비스의 질적 저하
- 두뇌 유출
- 의료장비 및 의약품 조달의 부적절성
- 국제 기준에 부합하는 의약품 품질보증의 결여

(5) Health profile

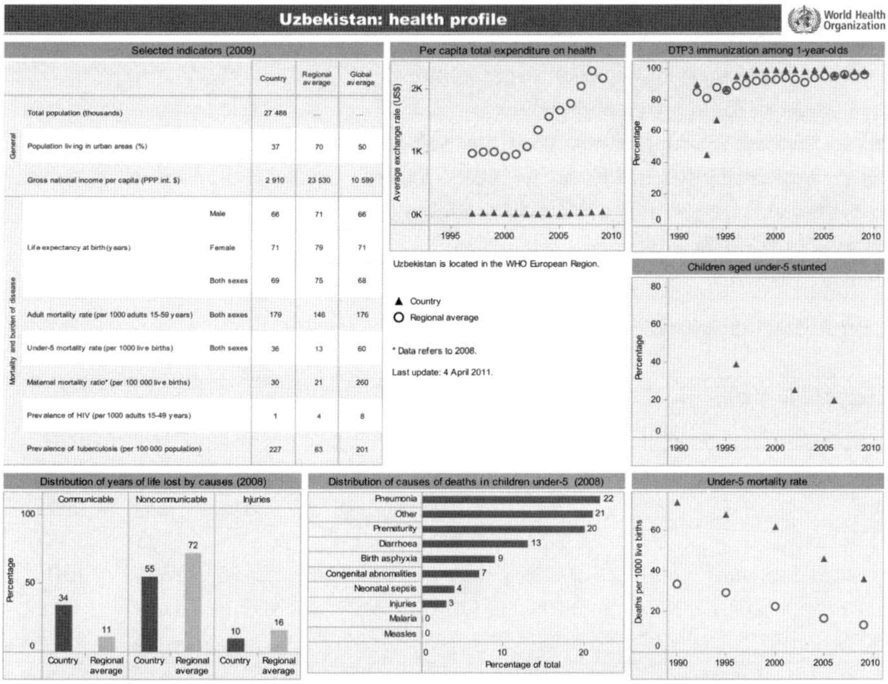

Selected indicators (2009)

			Country	Regional average	Global average
General	Total population (thousands)		27 488	...	...
	Population living in urban areas (%)		37	70	50
	Gross national income per capita (PPP int. $)		2 910	23 530	10 599
Mortality and burden of disease	Life expectancy at birth (years)	Male	66	71	66
		Female	71	79	71
		Both sexes	69	75	68
	Adult mortality rate (per 1000 adults 15-59 years)	Both sexes	179	146	176
	Under-5 mortality rate (per 1000 live births)	Both sexes	36	13	60
	Maternal mortality ratio* (per 100 000 live births)		30	21	260
	Prevalence of HIV (per 1000 adults 15-49 years)		1	4	8
	Prevalence of tuberculosis (per 100 000 population)		227	63	201

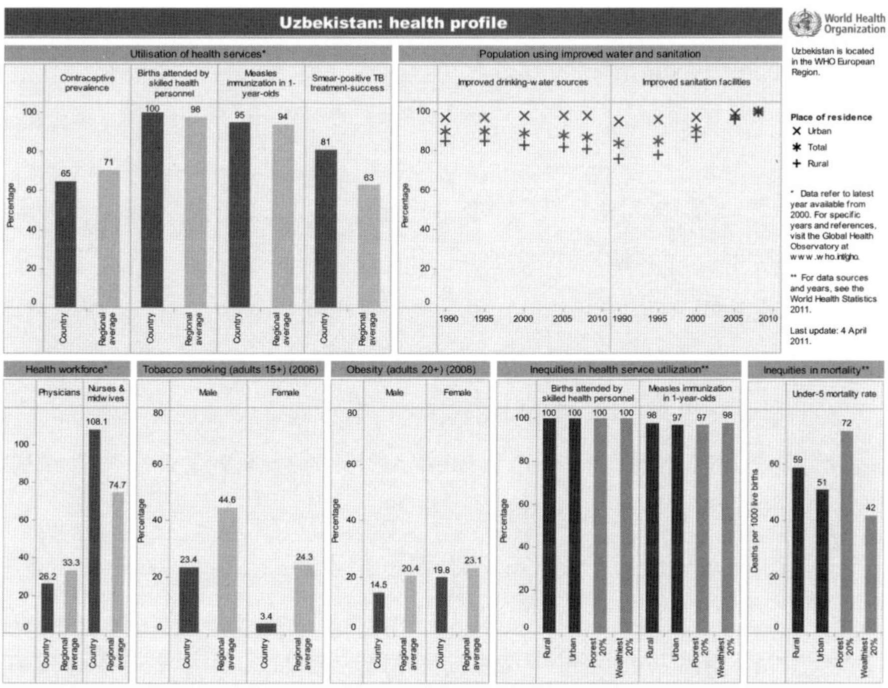

출처: WHO(World Health Organization), Country health profile.

2) 카자흐스탄의 의료 현황

Total population	15,637,000
Gross natio1nal income per capita(PPP international $)	9,720
Life expectancy at birth m/f(years)	59/70
Probability of dying under five(per 1000 live births)	29
Probability of dying between 15 and 60 years m/f(per 1000 population)	432/185
Total expenditure on health per capita(Intl $, 2009)	554
Total expenditure on health as % of GDP(2009)	4.5
Figures are for 2009 unless indicated.	

Source: Global Health Observatory.

Population data(in thousands)	2010	2009	2008	2007	2006	2000	1990	1980
Total population	15,753	15,637	15,521	15,408	15,298	14,957	16,530	14,919
Live births	309	308	304	298	289	240	374	371
Surviving infants	301	300	297	290	281	231	354	347
Pop. less than 5 years	1,481	1,441	1,384	1,319	1,254	1,117	1,876	1,709
Pop. less than 15 years	3,757	3,709	3,674	3,656	3,660	4,135	5,202	4,833
Female 15-49 years	4,397	4,400	4,395	4,381	4,360	4,134	4,138	3,819

United Nations, Population Division, The World Population Prospects–the 2008 revision, New York, 2009.

(1) 기대수명(Life expectancy at birth)

세계보건기구는 2009년 카자흐스탄의 기대수명을 남성 59세, 여성 70세로 보고하고 있다. WHO에 따르면 2005년 기준으로 볼 때 유럽에서 카자흐스탄의 기대수명(남성 56세, 여성 67세)보다 낮은 곳은 두 나라밖에 없으며, 카자흐스탄 남성 기대수명보다 낮은 국가는 한 곳밖에 없다고 밝히고 있다. 그러나 공식적으로 등록된 데이터에 의하면 기대수명이 65.9세(남성 60.6세, 여성 71.5세)로 상당한 차이가 있다고 보고하고 있다.

수명 연장과 관련하여 특히 노년층의 건강수명(disability adjusted life expectancy) 연장을 위해 생활양식의 변화가 점차 요구되고 있으며, 노인성 질환과 만성질환 등의 예방과 관리에 장기적인 국가관리 체계가 시급하다.

기대수명은 일반적으로 국내총생산 규모와 많은 연관성이 있다. 1999년의 경우 경제 위기로 인해 기대수명이 급감하여 오히려 1990년보다 평균 3년 정도 낮은 수치를 보였다. 하지만 최근 천연자원 수출 등에 기인한 고도 경제성장으로 보건 분야에 많은 재정이 투입되고 있어 기대수명에도 긍정적 요인으로 작용하고 있다.

기대수명에서 질병이나 장애로 소비되는 기간을 제외한 건강수명은 2002년 평균 55.9세(남성 52.6세, 여성 59.3세)로 유럽 선진국 평균 71.6세에 비해 15.7년이나 짧다. 유럽에서 건강수명이 가장 높은 스웨덴의 73.3세(남성 71.9세, 여성 74.8세)보다는 무려 17.4년이 짧다. 60세 이상 인구의 건강수명은 남성 9.7년, 여성 12.5년으로 스웨덴의 17.1년, 19.6년보다 매우 짧다.

(2) 주요 사인

카자흐스탄 전체 사망의 85%는 비전염성 질환에 의한 것으로 분석되고 있다. 특히 유럽 선진국들에 비해 비전염성 질환에 의한 사망률은 2배 이상 높다. 외부 요인에 의한 사망이 약 11%이고, 전염에 의한 사망률은 약 2%이다.

심혈관질환은 전체 사인의 57%를 차지할 정도로 높다. 결핵에 의한 사망률은 1990년대 급증하였다가 1997년부터는 감소 추세에 있다.

Ten leading disability groups as percentages of total disability-adjusted life-year(DALYs) for both sexes in Kazakhstan(2002)

Rank	Males		Females	
	Disability groups	Total DALYs(%)	Disability groups	Total DALYs(%)
1	Unintentional injuries	16.3	Neuropsychiatric conditions	16.7
2	Neuropsychiatric conditions	13.0	Malignant neoplasms	8.6
3	Malignant neoplasms	6.7	Unintentional injuries	7.4
4	Infectious and parasitic diseases	6.0	Respiratory diseases	5.7
5	Digestive diseases	5.1	Digestive diseases	5.5
6	Respiratory diseases	3.9	Musculoskeletal diseases	4.2
7	Respiratory infections	3.8	Infectious and parasitic diseases	3.9
8	Perinatal conditions	3.1	Respiratory infections	3.3
9	Congenital anomalies	2.0	Perinatal conditions	3.2
10	Musculoskeletal diseases	1.9	Maternal conditions	2.2

Source: Background data from WHO(2003c).

Ten leading risk factors as causes of disease burden measured in disability-adjusted life-year(DALYs) in Kazakhstan(2002)

Rank	Males		Females	
	Risk factors	Total DALYs(%)	Risk factors	Total DALYs(%)
1	Tobacco	18.8	High blood pressure	13.2
2	Alcohol	18.6	High cholesterol	9.7
3	High blood pressure	11.6	High BMI	8.9
4	High cholesterol	9.5	Tobacco	6.2
5	High body mass index(BMI)	6.2	Low fruit and vegetable intake	5.3
6	Low fruit and vegetable intake	5.6	Alcohol	5.1
7	Physical inactivity	3.3	Physical inactivity	3.8
8	Illicit drugs	1.8	Indoor smoke from solid fuels	2.2
9	Lead	1.3	Unsafe sex	1.8
10	Indoor smoke from solid fuels	1.2	Lead	1.1

Source: Background data from WHO(2003c).

① 심혈관질환

카자흐스탄의 주요 사망 요인은 전체 사망의 57%를 차지하고 있는 심혈관질환이다. 이는 유럽 선진국의 2.5배에 달하는 수치로 특히 다른 유럽 지역에 비해 청년층의 사망률이 높아 심각한 사회 문제로 대두되고 있다. 전체 심혈관질환 사망의 절반 이상은 허혈성 심장질환에 의한 것이며 1/3 이상은 뇌혈관질환에 기인한다. 주목할 점은 이 질환으로 인한 사망률이 1990년에 비해 45%나 증가하였으며 현재도 계속 증가 추세에 있다는 것이다.

② 암

암은 전 세계에 걸쳐 비슷한 사망률을 보이고 있는 질환인데, 카자흐스탄의 경우 암에 의한 사망률은 약 12%이다.

(3) 카자흐스탄의 의료 개혁

카자흐스탄은 의료시설의 80%를 국가가 운영하고 있어 보건 분야 전반에 정부의 역할이 매우 중요하다. 몇몇 의료 분야의 경우 개인 병원의 비율이 높은 경우도 있지만(치과 병원 중 70%가 개인 병원) 전반적인 의료 서비스는 국가와 정부기관에 의해 관리되고 있다.

2005년 현재 입원 병원은 1,204개(이 중 162개는 전문 병원), 외래 병원은 3,463개가 운영중에 있고, 총 병상은 약 120,000개로 추정된다. 국립의료기관에서 54,800명의 의사와 117,000명의 간호사들이 종사하고 있다.

카자흐스탄은 오랜 사회주의의 영향으로 의료 서비스에 대한 인식이 부족하다. 카자흐스탄 국민은 관할 국립병원에서 무상으로 의료 서비스를 받을 수 있지만 진료 및 수술을 위해 수개월을 기다려야 하고 더 나은 서비스를 받기 위해서 의료진에게 편법적으로 뇌물을 주어야 하는 상황이다.

국립병원들의 경우 의료장비 구입을 단기계약을 통해 전체 물량을 확보한 후 각 필요 병원에 분배하는 비효율적인 방식으로 운영되고 있다. 정부는 최근 신축 병원을 증축하는 등 외형적 변화를 추구하고 있으나 여전히 의료진들의 질은 낮다. 의료 종사자들의 임금은 매우 낮으며 장비도 매우 부족해 주로 수입에 의존하고 있다. 과거 소련 체제에서 선호되었던 입원 치료는 비용 문제로 인해 1차 치료 위주로 바뀌고 있다. 현재 상당수의 개인 병원이 생겨나고 있지만 값비싼 의료비에 비해 서비스 수준은 낮다.

포스트 소비에트 시기 전적으로 국가의 통제 하에 있었던 보건 분야 전반은 자금 부족과 두뇌의 해외 유출 등으로 수준이 현저히 낮아졌다. 1989년에서 2001년 사이 인구 10,000명당 의사의 비율은 34.6명으로 15% 감소했고, 10,000명당 병상수는 74개로 46% 감소했다. 2005년 통계를 살펴보면 각각 의사 55명과 병상수 77개로 다소 증가한 수치를 보이고 있으나, 1991년 이래로 정부의 보건 분야 예산 지출은 일관되게 부족한 실정이다.

2005년 국내총생산의 2.5%만이 보건 예산으로 책정되었다. 정부는 건강 개혁 프로그램을 통해 무상의료 지원 항목을 확대하고 의료 서비스 수준을 지속적으로 성장시키는 조치를 취하고 있으며 보건 예산을 국내총생산의 4% 수준까지 증가시키는 것을 목표로 하고 있다. 의무건강보험 체계는 수년 동안 단계적으로 진행할 계획에 있다.

(4) Health profile

Kazakhstan: health profile

World Health Organization

Selected indicators (2009)

			Country	Regional average	Global average
General	Total population (thousands)		15 637	...	...
	Population living in urban areas (%)		58	70	50
	Gross national income per capita (PPP int. $)		10 320	23 530	10 599
Mortality and burden of disease	Life expectancy at birth (years)	Male	59	71	66
		Female	70	79	71
		Both sexes	64	75	68
	Adult mortality rate (per 1000 adults 15-59 years)	Both sexes	310	146	176
	Under-5 mortality rate (per 1000 live births)	Both sexes	29	13	60
	Maternal mortality ratio* (per 100 000 live births)		45	21	260
	Prevalence of HIV (per 1000 adults 15-49 years)		1	4	8
	Prevalence of tuberculosis (per 100 000 population)		211	63	201

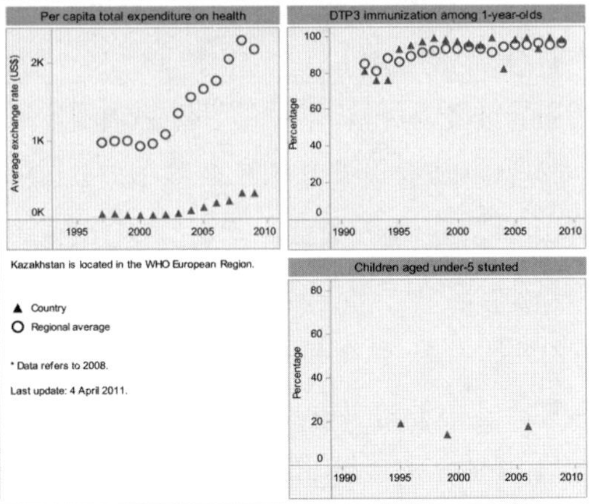

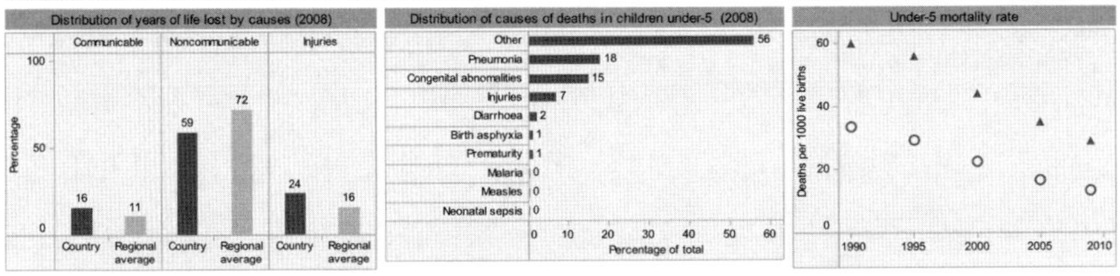

Kazakhstan: health profile

World Health Organization

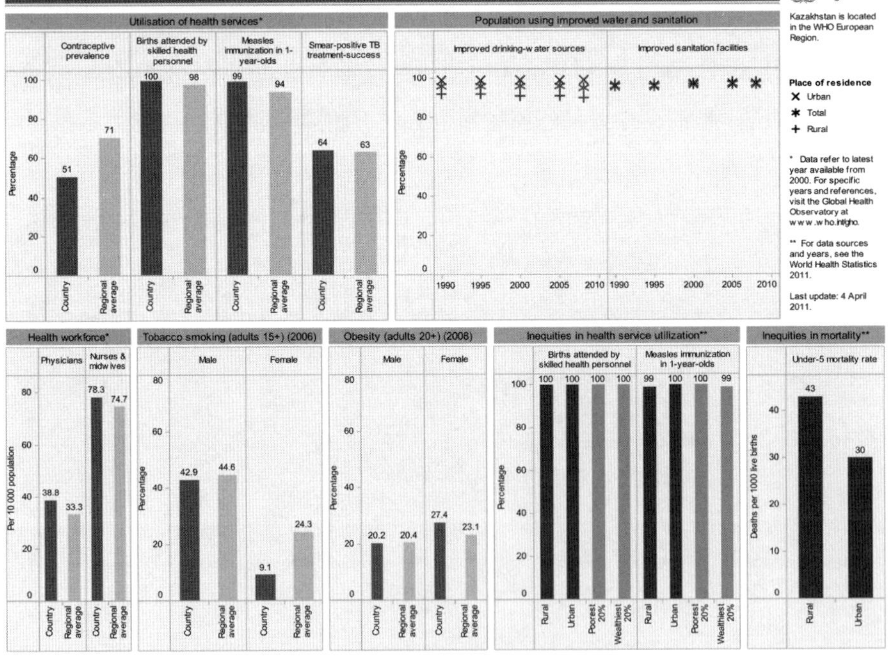

출처: WHO(World Health Organization), Country health profile.

3) 키르기스스탄의 의료 현황

Total population	5,482,000
Gross national income per capita(PPP international $)	2,150
Life expectancy at birth m/f(years)	63/70
Probability of dying under five(per 1000 live births)	37
Probability of dying between 15 and 60 years m/f(per 1000 population)	327/162
Total expenditure on health per capita(Intl $, 2009)	152
Total expenditure on health as % of GDP(2009)	6.8
Figures are for 2009 unless indicated.	

Source: Global Health Observatory.

Population data(in thousands)	2010	2009	2008	2007	2006	2000	1990	1980
Total population	5,550	5,482	5,414	5,346	5,282	4,955	4,395	3,627
Live births	123	122	120	118	116	109	137	114
Surviving infants	118	117	116	114	111	104	128	104
Pop. less than 5 years	576	563	547	529	515	546	629	488
Pop. less than 15 years	1,613	1,610	1,610	1,613	1,620	1,733	1,651	1,347
Female 15-49 years	1,531	1,516	1,498	1,478	1,457	1,297	1,032	857

United Nations, Population Division, The World Population Prospects—the 2008 revision, New York, 2009.

(1) 기대수명(Life expectancy at birth)

키르기스스탄의 기대수명은 2009년 남성 63세, 여성 70세로 평균 66세이다. 세계보건기구는 공식적인 수치는 더 낮을 것이라고 보고하고 있는데, 이러한 차이는 등록되지 않은 영아 사망률이 높은 데 기인한다고 밝히고 있다.

기대수명에서 질병이나 장애로 소비되는 기간을 제외한 건강수명(disability adjusted life expectancy)은 평균 55.3세(남성 52.2세, 여성 58.4세)로 유럽 선진국 평균 71.6세에 비해 16.3년이나 짧다. 유럽에서 건강수명이 가장 높은 스웨덴의 73.3세(남성 71.9세, 여성 74.8세)보다는 무려 18년이 짧다. 60세 이상 인구의 건강수명은 남성 9.8년, 여성 12.6년으로 스웨덴의 17.1년, 19.6년보다 매우 짧다.

(2) 주요 사인

2003년 키르기스스탄 사망의 약 86%는 비전염성 질환에 의한 것이며 외부 요인에 의한 사망은 약 7%, 전염성 질환에 의한 사망은 3%로 집계되고 있다.

심혈관질환은 전체 사망률의 54%를 차지하고 있다. 심혈관질환으로 인한 사망의 약 절반 정도가 허혈성 심장질환이 원인이며 1/3 이상은 뇌혈관질환에 기인한다. 대부분의 독립국가연합(CIS) 국가들과 마찬가지로 1990년 이후 그 비율이 지속적으로 증가하고 있다.

Ten leading disability groups as percentages of total disability-adjusted life-year(DALYs) for both sexes in Kyrgyzstan(2002)

Rank	Males		Females	
	Disability groups	Total DALYs(%)	Disability groups	Total DALYs(%)
1	Cardiovascular diseases	17.4	Cardiovascular diseases	17.4
2	Unintentional injuries	14.2	Neuropsychiatric conditions	17.3
3	Neuropsychiatric conditions	12.1	Perinatal conditions	8.1
4	Infectious and parasitic diseases	9.5	Infectious and parasitic diseases	7.4
5	Perinatal conditions	8.1	Respiratory infections	7.3
6	Respiratory infections	6.8	Unintentional injuries	6.1
7	Digestive diseases	6.2	Respiratory diseases	5.1
8	Respiratory diseases	5.5	Digestive diseases	5.0
9	Intentional injuries	4.3	Malignant neoplasms	4.7
10	Malignant neoplasms	4.0	Sense organ diseases	4.3

Source: Background data from WHO(2003c).

Ten leading risk factors as causes of disease burden measured in disability-adjusted life-year(DALYs) in Kyrgyzstan(2002)

Rank	Males		Females	
	Risk factors	Total DALYs(%)	Risk factors	Total DALYs(%)
1	Tobacco	10.3	High blood pressure	7.1
2	Alcohol	9.3	High BMI	6.2
3	High cholesterol	5.6	Indoor smoke from solid fuels	5.2
4	High blood pressure	5.3	High cholesterol	5.1
5	High body mass index(BMI)	4.8	Childhood and maternal underweight	3.5
6	Indoor smoke from solid fuels	4.1	Iron deficiency	2.8
7	Childhood and maternal underweight	2.9	Alcohol	2.6
8	Low fruit and vegetable intake	2.7	Low fruit and vegetable intake	2.5
9	Physical inactivity	2.4	Physical inactivity	2.4
10	Unsafe water, sanitation, and hygiene	1.8	Unsafe water, sanitation, and hygiene	2.2

Source: Background data from WHO(2003c).

(3) 키르기스스탄의 의료 시스템

키르기스스탄 대부분 지역의 의료 시스템은 과거 소비에트 방식으로 정부 주도하에 관리되어 오고 있다. 그러나 국가 주도의 무상 의료 시스템으로 인한 만성적인 재정 부족으로 많은 의료진들은 급료조차 제대로 받지 못하고 의료 장비 및 의약품은 부족하며 시설 및 설비도 매우 열악하다. 따라서 정부 지원을 받으면서도 더 나은 치료를 위해 개인 비용을 지불해야 하는 시스템으로 변하였고, 비공식적으로 의료진에게 뇌물을 주는 것이 일반화되어 있다.

지방의 많은 의료시설들이 폐쇄되어 중증환자나 응급 치료가 요구되는 경우 전문 병원으로 호송하는 시스템이 대부분 마비된 상태이다. 따라서 지방에 사는 국민들은 제대로 된 의료혜택을 받지 못해 지방은 물론이고 도시 지역에서조차 주술 치료사들이 성행하는 상황이라고 보고되고 있다.

(4) 키르기스스탄의 보건 개혁과 문제점

키르기스스탄은 보건 체계의 포괄적이고 장기적인 개혁을 진행 중이다. 정부는 과거 소련 시기의 보건 체계를 개선하고자 기본적으로 재정적인 부담을 줄이고 건강관리 서비스의 질과 국민 건강을 개선하는 것을 목표로 하는 '마나스(Manas) 국가 건강 개혁 프로그램'을 1996년부터 10년간 시행하였고, 2006~2010년에는 '마나스 탈리미(Manas Taalimi) 국가 건강 개혁 프로그램'을 실행하였다. 이 새로운 프로그램은 기본적으로 국가 의료 수준을 한 단계 높이고 재정뿐만 아니라 보건 시스템 조직 전반에 변화를 가져오려는 시도였다.

보건 재정 개혁은 2006년부터 강제 건강보험 기금을 효율적으로 분배하기 위해 국가가 단독으로 관리하는 것을 골자로 하고 있다. 또한 의료 서비스 공급자들의 자율권을 법적으로 보장해 병원의 소형화와 비용절감 등에 대한 동기부여를 하고 있다.

2004년부터 1차 의료 서비스가 개편되어 전 국민의 98.5%가 이용하고 있다. 특히 1차 의료 서비스를 받는 외래환자가 쉽게 약 처방을 받을 수 있도록 개선하여 고혈압과 같은 경증환자들의 불필요한 입원 치료를 감소시키는 효과가 나타났다. 그러나 1차 의료 서비스를 위한 기금의 증가에도 불구하고 여전히 의료진들의 급료 수준은 낮은 편이다.

키르기스스탄의 경우 심각한 의료인력 부족 현상을 겪고 있다. 보건부에 따르면 2010년 키르기스스탄 전체 의료진은 6만 명으로 이들 중 의사는 12,500명, 간호사는 28,000명이다.

2010년 한 해 동안 1,500명의 의사와 3,500명 이상의 의료 전문가 수가 감소하였는데, 이는 2009년 감소 수에 비해 2배 늘어난 수치이다. 의료 노동자들의 임금은 구소련 해체 이후 약 2~3배 증가하였으나 여전히 낮은 수준이고 지방의 인프라 부족, 직업에 대한 위신 저하 등 전반적으로 사회적으로 보호받지 못하고 있다는 인식이 의료인력 유출의 근본적인 원인으로 작용하고 있다.

보건부는 의료진의 2, 3차 의료기관 편중 현상으로 상대적으로 1차 의료기관에는 부족한 인력 분배의 불균형 문제를 제기하고 있다. 이 외에도 현업에 종사하고 있는 전체 의사들의 40% 이상이 퇴직연령에 가까워 의료인력의 고령화 문제 또한 심각하다.

보건부는 최근 키르기스스탄의 병상수가 1.5배 감소하였다고 밝혔다. 148개의 의료기관에 26,000개의 병상이 있으며 2011년 현재 850,000명의 환자가 치료를 받고 있다.

살펴본 바와 같이 전반적으로 키르기스스탄의 보건의료 상황은 매우 심각한 수준이라 할 수 있겠다. 앞으로 키르기스스탄이 해결해야 할 문제점들을 살펴보면 다음과 같다.

- 국가 재정 악화로 인한 전반적인 보건 재원 부족
- 높은 건강 관련 재정 부담 비율
- 구식 서비스의 답습으로 인한 전반적인 수준 저하
- 한정된 인적 자원 및 의료인력 개발 계획 결여
- 높은 교육비용과 훈련 프로그램 부족
- 지방 의료인력 분배의 불균형
- 높은 의약품 가격
- 의료인력의 고령화

(5) Health profile

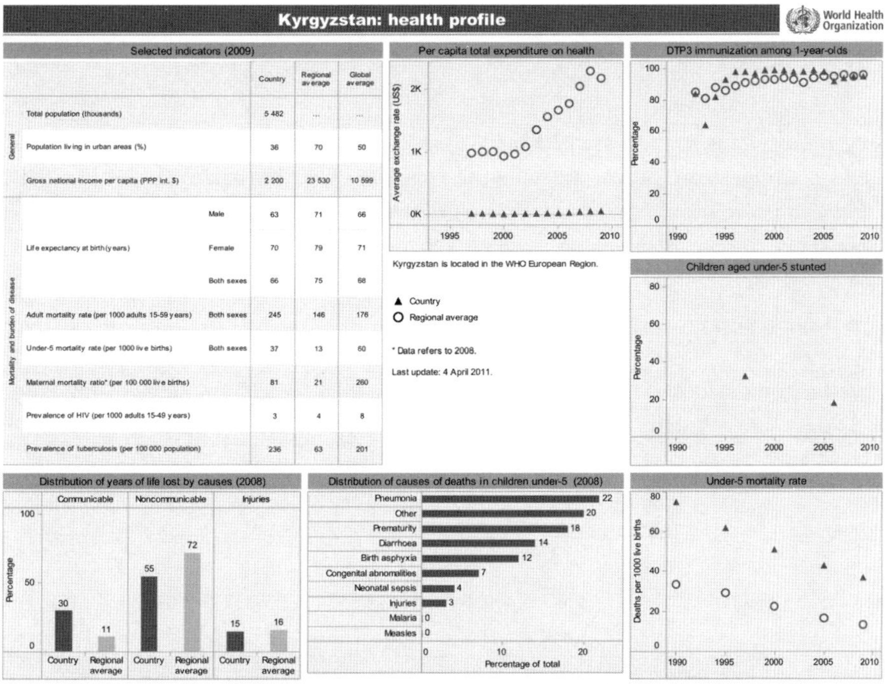

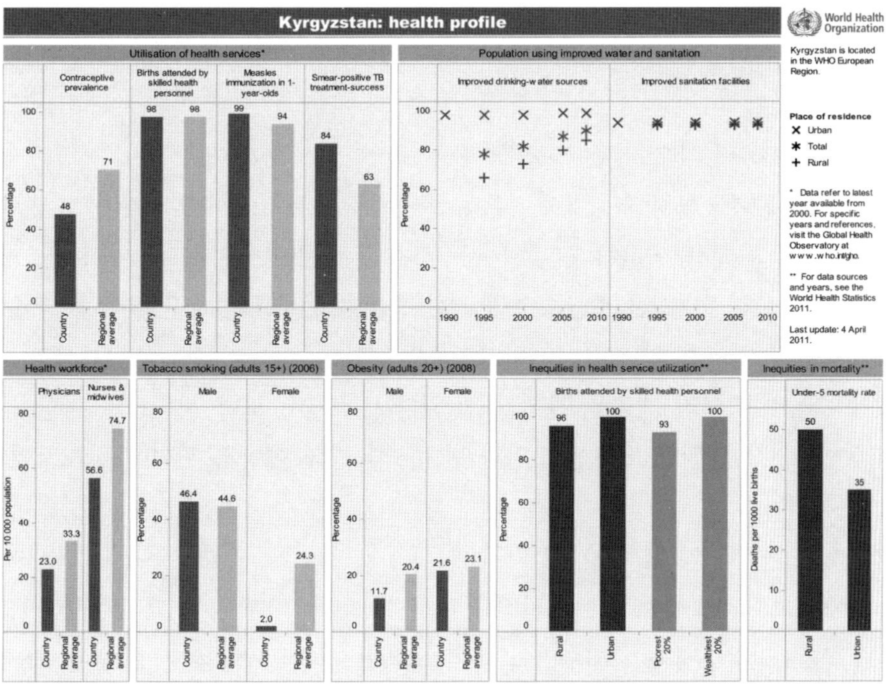

출처: WHO(World Health Organization), Country health profile.

4) 타지키스탄의 의료 현황

Total population	6,952,000
Gross national income per capita(PPP international $)	1,870
Life expectancy at birth m/f(years)	66/69
Probability of dying under five(per 1000 live births)	61
Probability of dying between 15 and 60 years m/f(per 1000 population)	183/160
Total expenditure on health per capita(Intl $, 2009)	105
Total expenditure on health as % of GDP(2009)	5.3
Figures are for 2009 unless indicated.	

Source: Global Health Observatory.

Population data(in thousands)	2010	2009	2008	2007	2006	2000	1990	1980
Total population	7,075	6,952	6,836	6,727	6,627	6,173	5,303	3,953
Live births	198	195	193	191	189	190	205	149
Surviving infants	186	184	181	179	178	177	186	133
Pop. less than 5 years	888	879	871	865	861	883	934	632
Pop. less than 15 years	2,573	2,567	2,565	2,566	2,571	2,615	2,289	1,696
Female 15-49 years	1,899	1,859	1,818	1,777	1,737	1,505	1,189	883

United Nations, Population Division, The World Population Prospects—the 2008 revision, New York, 2009.

(1) 기대수명(Life expectancy at birth)

타지키스탄의 2009년 기대수명은 평균 68세(남성 66세, 여성 69세)이다. 유아 사망률과 임산부 사망률은 구소련 공화국들 중에서 가장 높은 수준이며, 포스트 소비에트 시기 영양 부족과 수질 오염 등에 기인한 콜레라, 말라리아, 결핵, 장티푸스 등의 발병으로 평균수명이 감소하였다.

세계보건기구는 타지키스탄 평균수명에 관한 통계가 등록되지 않은 유아 사망률 등으로 인해 실제와 많은 차이가 있다고 보고하고 있다. 정확한 기대수명과 사망률 산출, 사인 분석이 있어야 올바른 보건 개혁을 진행할 수 있다는 점에서 보다 적극적인 관심이 요구된다. 또한 수명 연장을 위한 노인성 질환과 만성질환 등의 예방과 관리에 장기적인 국가관리 체계가 시급하다.

타지키스탄 인구의 2002년 건강수명(disability adjusted life expectancy)은 54.7세(남성 53.1세, 여성 56.4세)로 보고되고 있다. 유럽 선진국 평균 71.6세에 비해서는 약 16.9년이 짧다. 특히 주목할 점은 건강수명과 기대수명의 차이가 유럽 선진국일수록 적은 반면 타지키스탄 같은 후진국일수록 매우 크다는 것이다. 유럽에서 건강수명이 가장 높은 스웨덴의 73.3세

(남성 71.9세, 여성 74.8세)보다는 무려 18.6년이 짧다. 60세 이상 인구의 건강수명은 남성 9.5년, 여성 11.0년으로 스웨덴의 17.1년, 19.6년보다 매우 짧다. 따라서 건강한 삶을 위해 소비하는 기간은 스웨덴의 남성 6.2년, 여성 7.9년보다 각각 7.9년, 10.1년으로 길다.

(2) 주요 사인

2003년 타지키스탄의 비전염성 질환에 의한 사망률은 85%이며, 외부 요인에 의한 사망이 3%, 전염성 질환에 의한 사망률은 4%, 사인이 불분명한 경우도 8%로 보고되고 있다.

Ten leading disability groups as percentages of total disability-adjusted life-year(DALYs) for both sexes in Tajikistan(2002)

Rank	Males		Females	
	Disability groups	Total DALYs(%)	Disability groups	Total DALYs(%)
1	Infectious and parasitic diseases	14.6	Neuropsychiatric conditions	16.7
2	Cardiovascular diseases	13.8	Cardiovascular diseases	14.9
3	Neuropsychiatric conditions	13.2	Infectious and parasitic diseases	13.6
4	Perinatal conditions	10.7	Respiratory infections	9.7
5	Unintentional injuries	9.9	Perinatal conditions	8.5
6	Respiratory infections	9.0	Digestive diseases	4.4
7	Intentional injuries	4.5	Maternal conditions	4.3
8	Digestive diseases	4.5	Nutritional deficiencies	4.2
9	Respiratory diseases	3.4	Respiratory diseases	3.9
10	Malignant neoplasms	3.2	Sense organ diseases	3.3

Source: Background data from WHO(2003c).

Ten leading risk factors as causes of disease burden measured in disability-adjusted life-year(DALYs) in Tajikistan(2002)

Rank	Males		Females	
	Risk factors	Total DALYs(%)	Risk factors	Total DALYs(%)
1	Alcohol	7.1	High blood pressure	6.6
2	High blood pressure	5.1	High BMI	6.2
3	High body mass index(BMI)	4.7	Indoor smoke from solid fuels	4.8
4	Unsafe water, sanitation, and hygiene	4.3	Unsafe water, sanitation, and hygiene	4.3
5	Tobacco	4.0	Childhood and maternal underweight	4.2
6	Childhood and maternal underweight	3.9	High cholesterol	3.2
7	High cholesterol	3.8	Iron deficiency	3.1
8	Indoor smoke from solid fuels	3.6	Alcohol	2.1
9	Low fruit and vegetable intake	1.9	Low fruit and vegetable intake	1.6
10	Physical inactivity	1.7	Physical inactivity	1.6

Source: Background data from WHO(2003c).

① 심혈관질환

타지키스탄 전체 사망률의 57%는 심혈관질환에 의한 것이다. 전체 심혈관질환에 의한 사망의 절반 정도가 허혈성 심장질환에 의한 것이고, 약 8%는 뇌혈관질환에 기인한다. 이는 유럽 선진국과 비슷한 수치이며 주변 CIS 국가들에 비해서는 낮은 수준이다. 이는 고혈압, 콜레스테롤과 같은 심혈관질환의 위험 요소들이 비교적 낮은 수준을 유지하고 있기 때문으로 분석해 볼 수 있다. 하지만 다른 국가들과 마찬가지로 1990년대 이후부터 그 비율은 계속 증가 추세에 있다.

(3) 타지키스탄 보건의 문제점

타지키스탄 보건의 주요 문제점은 건강관리 시스템의 결여, 자금 조달의 부족, 위생과 상수도 공급 체계 결여 등을 들 수 있다. 특히 타지키스탄은 전염병 고위험군에 속해 있는 국가로 1991년부터 장티푸스 등의 후진국형 전염병이 자주 발생하고 있다.

소비에트 시기 이후 많은 러시아인 의사들이 타지키스탄을 떠나 매우 적은 수의 의료진으로 운영되고 있으며, 특히 지방의 경우 인력 부족 현상 외에 시설, 장비 등의 부족 사태가 심각한 수준이다.

만성적인 재정 적자로 2003년 헌법 개정을 통해 모든 국민들에게 무상으로 지원해 왔던 의료 서비스에 관한 조항을 삭제하여 저소득층은 의료 서비스를 받기 어려워졌다. 그러나 한편으로 2005년 의료 종사자들의 임금을 2배로 인상하는 조치를 취하는 등 질적 개선을 위해 노력하고 있다.

1990년대 말부터 증가한 불법 마약 유통이 건강의 주요 문제점으로 지적되고 있다. 2006년 중독자수는 60,000에서 100,000명으로 집계되고 있으며 이들 중 2/3는 30세 이하로 밝혀졌다. 하지만 국가 차원에서의 실질적인 치료 프로그램은 행해지지 않고 있다.

UN은 2005년 5,000명의 타지키스탄인이 HIV에 감염되었다고 발표했다. 2003년에 시작된 사례는 매년 빠른 속도로 증가하고 있는 추세이다. HIV 감염의 60%는 마약과 관련이 있다고 보고하고 있는데, 특히 1990년대 말부터 급속도로 증가한 HIV 감염이 주로 마약 거래가 빈번한 빈곤 지역에 집중되어 있다는 데 주목하고 있다.

(4) Health profile

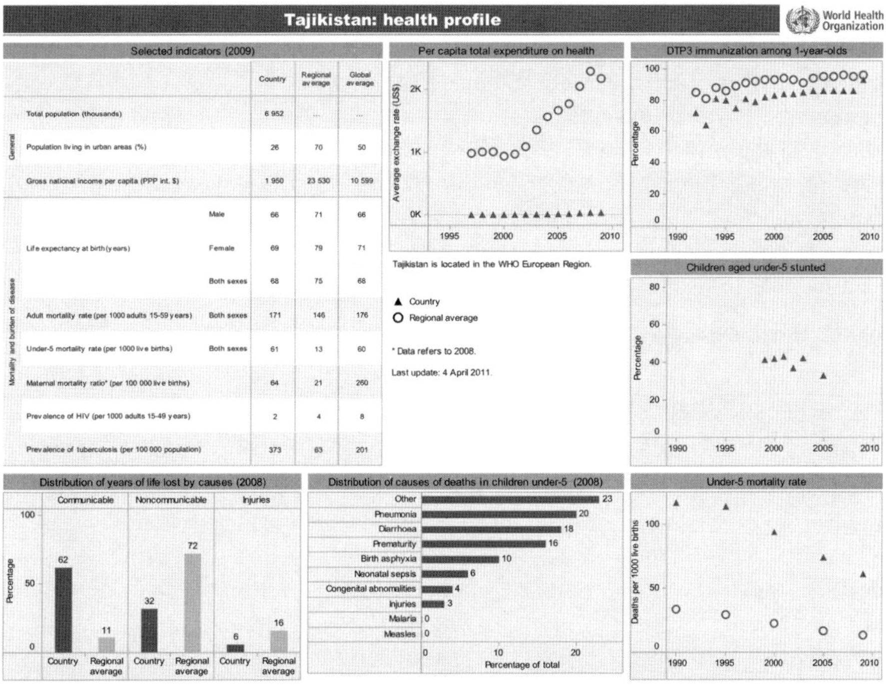

			Country	Regional average	Global average
General	Total population (thousands)		6 952	...	...
	Population living in urban areas (%)		26	70	50
	Gross national income per capita (PPP int. $)		1 950	23 530	10 599
Mortality and burden of disease	Life expectancy at birth (years)	Male	66	71	66
		Female	69	79	71
		Both sexes	68	75	68
	Adult mortality rate (per 1000 adults 15-59 years)	Both sexes	171	146	176
	Under-5 mortality rate (per 1000 live births)	Both sexes	61	13	60
	Maternal mortality ratio* (per 100 000 live births)		64	21	260
	Prevalence of HIV (per 1000 adults 15-49 years)		2	4	8
	Prevalence of tuberculosis (per 100 000 population)		373	63	201

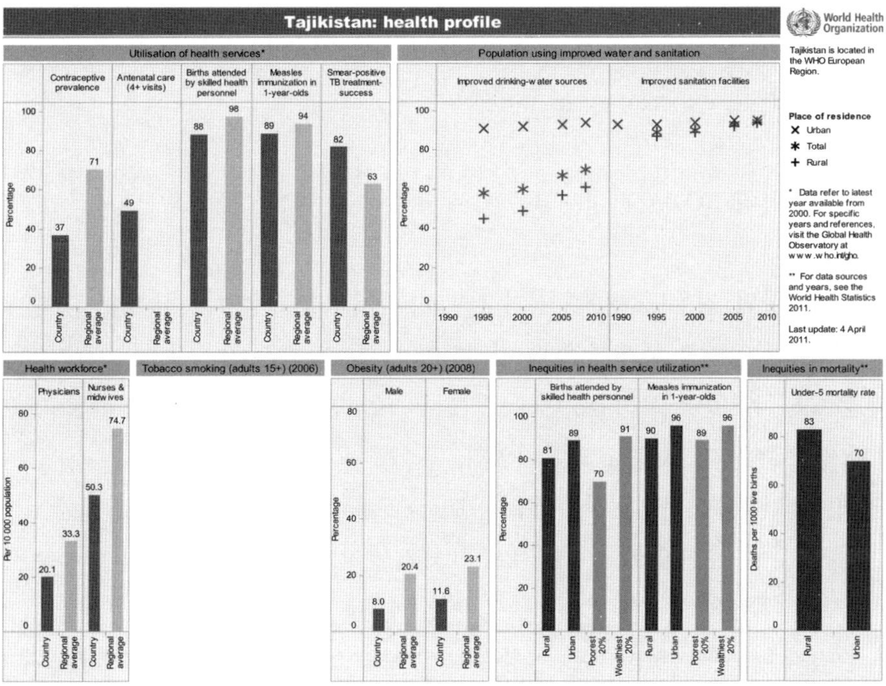

출처: WHO(World Health Organization), Country health profile.

5) 투르크메니스탄의 의료 현황

Total population	5,110,000
Gross national income per capita(PPP international $)	6,130
Life expectancy at birth m/f(years)	60/67
Probability of dying under five(per 1000 live births)	45
Probability of dying between 15 and 60 years m/f(per 1000 population)	380/212
Total expenditure on health per capita(Intl $, 2009)	143
Total expenditure on health as % of GDP(2009)	2.3
Figures are for 2009 unless indicated.	

Source: Global Health Observatory.

Population data(in thousands)								
	2010	2009	2008	2007	2006	2000	1990	1980
Total population	5,177	5,110	5,044	4,977	4,911	4,502	3,668	2,861
Live births	111	111	111	110	110	106	128	101
Surviving infants	106	105	105	105	105	100	118	91
Pop. less than 5 years	520	519	518	518	516	493	579	437
Pop. less than 15 years	1,502	1,507	1,518	1,533	1,550	1,634	1,484	1,182
Female 15-49 years	1,482	1,462	1,438	1,412	1,384	1,193	875	661

United Nations, Population Division, The World Population Prospects–the 2008 revision, New York, 2009.

(1) 기대수명(Life expectancy at birth)

투르크메니스탄의 2009년 기대수명은 63세(남성 60세, 여성 67세)로 세계보건기구 유럽 지역에서 가장 낮다.

투르크메니스탄의 경우도 세계보건기구의 기대수명 보고수치가 국가 보고서와 차이가 있어서 이 점을 감안하고 통계 수치를 이해해야 한다. 1990년 공식적인 기대수명은 70세였다. 대부분 CIS 국가들이 그러했듯이 독립 이후 1994년에는 64세로 감소하였고, 1997년이 돼서야 과거 수준을 어느 정도 회복하였다.

투르크메니스탄의 2002년 건강수명(disability adjusted life expectancy)은 54.4세(남성 51.6세, 여성 57.2세)로 유럽 선진국 평균 71.6세에 비해서는 약 17.2년이 짧다. 유럽에서 건강수명이 가장 높은 스웨덴의 73.3세(남성 71.9세, 여성 74.8세)보다는 무려 18.9년이 짧다. 60세 이상 인구의 건강수명은 남성 9.2년, 여성 11.5년으로 스웨덴의 17.1년, 19.6년보다 매우 짧다. 따라서 건강한 삶을 위해 소비하는 기간은 스웨덴의 남성 6.2년, 여성 7.9년보다 각각

7.1년, 9.1년으로 길다. 이렇게 투르크메니스탄과 같은 후진국의 경우 기대수명과 건강수명과의 차이가 유럽 선진국에 비해 매우 크다.

또한 국민 수명이 연장되어 감에 따라 노인성 질환과 만성질환 등의 예방과 관리에 장기적인 국가관리 체계가 시급하다.

(2) 주요 사인

투르크메니스탄의 사망률은 일반적으로 유럽 선진국들에 비해 2배가량 높다. 유아 및 청소년 사망률도 세계 평균을 상회하는데 대부분 외부 요인에 기인한 것이다. 일반적인 사인은 심혈관질환, 암, 호흡기질환 등이다.

전염성 질환, 호흡기질환, 소화기질환에 의한 사망률은 유럽 전체 평균보다 높은데, 주목할 점은 전염성 질환과 기생충질환에 의한 사망률이 유럽 선진국에 비해 6배나 높은 수치를 보이고 있다는 것이다.

Ten leading disability groups as percentages of total disability-adjusted life-year(DALYs) for both sexes in Turkmenistan(2002)

Rank	Males		Females	
	Disability groups	Total DALYs(%)	Disability groups	Total DALYs(%)
1	Cardiovascular diseases	22.4	Cardiovascular diseases	21.7
2	Unintentional injuries	12.0	Neuropsychiatric conditions	17.5
3	Respiratory infections	11.5	Respiratory infections	10.6
4	Neuropsychiatric conditions	11.1	Infectious and parasitic diseases	8.5
5	Infectious and parasitic diseases	10.2	Unintentional injuries	6.7
6	Digestive diseases	6.8	Digestive diseases	5.9
7	Intentional injuries	4.6	Malignant neoplasms	4.2
8	Perinatal conditions	4.2	Sense organ diseases	3.8
9	Malignant neoplasms	3.8	Nutritional deficiencies	3.3
10	Respiratory diseases	2.8	Perinatal conditions	3.3

Source: Background data from WHO(2003c).

Ten leading risk factors as causes of disease burden measured in disability-adjusted life-year(DALYs) in Turkmenistan(2002)

Rank	Males		Females	
	Risk factors	Total DALYs(%)	Risk factors	Total DALYs(%)
1	Alcohol	8.7	High BMI	8.4
2	Tobacco	8.5	High blood pressure	8.1
3	High body mass index(BMI)	6.7	High cholesterol	4.7
4	High blood pressure	6.4	Childhood and maternal underweight	4.5
5	High cholesterol	6.2	Indoor smoke from solid fuels	3.7
6	Childhood and maternal underweight	4.4	Unsafe water, sanitation, and hygiene	3.3
7	Indoor smoke from solid fuels	3.6	Iron deficiency	2.8
8	Unsafe water, sanitation, and hygiene	3.1	Alcohol	2.5
9	Low fruit and vegetable intake	2.9	Low fruit and vegetable intake	2.4
10	Physical inactivity	2.6	Physical inactivity	2.3

Source: Background data from WHO(2003c).

① 심혈관질환

심혈관질환은 투르크메니스탄의 주요 사인으로 전체 사망의 63%를 차지하고 있다. 전체 심혈관질환에 의한 사망의 절반 정도는 허혈성 심장질환에 의한 것이고 약 6%가 뇌혈관질환에 기인하는데, 이는 유럽 선진국의 9%보다 낮은 수치이다. 물론 자세한 분석이 요구되는 부분이지만, 고혈압과 콜레스테롤과 같은 심혈관질환의 위험 요소들이 비교적 낮기 때문으로 해석해 볼 수 있겠다. 하지만 다른 국가들과 마찬가지로 1990년대 이후부터 그 비율은 계속 증가 추세에 있다.

② 암

암은 비교적 전 세계적으로 고른 사망률 수치를 보이고 있는 질환이다. 투르크메니스탄의 경우 유럽 선진국뿐만 아니라 유럽 전체 평균에 비해서 낮은 사망률을 보이고 있는데, 사망에 관한 데이터 부족으로 자세한 분석은 힘들다.

(3) 투르크메니스탄 보건의 문제점

구소련 붕괴 이후 재정 부족으로 투르크메니스탄의 보건 체계는 매우 열악하다. 병상수는 2002년 인구 10,000명당 50병상으로 1996년에 비해 반 이상 감소하였다. 과거 의료 정책들은 1차 의료기관에 의한 외래 진료보다는 입원 시설을 전문화하는 데 초점을 맞추었다. 1990년대 말부터 주로 도시 지역 의료기관을 지원하면서 지방의 많은 의료시설들이 사라지게 되었는데, 2005년 대통령이 취한, 수도 아시가바트 외의 모든 종합 병원을 폐쇄한 정책도 이러한 경향을 더욱 부추기게 되었다.

의약품 공급이 매우 부족하고, 전반적으로 의학 기술이 부족하여 의료진의 수준은 매우 낮으며 그 수도 적다. 2004년 니야조프(Saparmurat Niyazov) 대통령은 15,000명의 의료 전문가들을 대거 해고해 의료인력 부족 현상을 더욱 악화시켜 때로는 군의관으로 의료진을 대체하는 경우도 있었다.

모든 의료시설을 국가가 관리하고 있기 때문에 개인 의료시설은 거의 없고, 국가가 보장해 주었던 무상의료 서비스 제도는 2004년 폐지되었다.

(4) Health profile

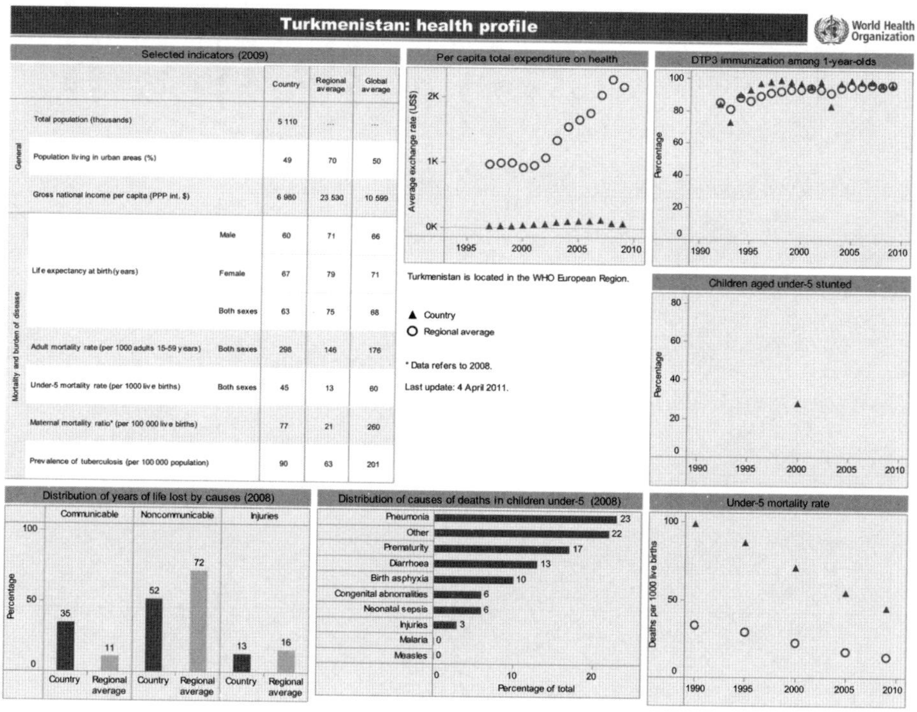

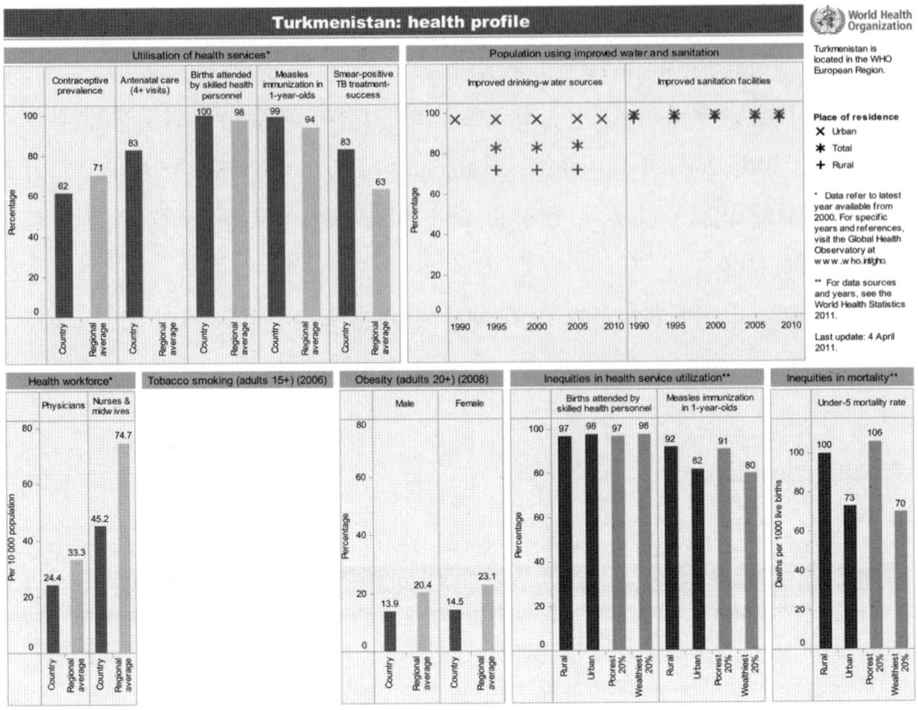

출처: WHO(World Health Organization), Country health profile.

V. 캅카스 3국

V. 캅카스 3국

그루지야(Georgia)

수도	트빌리시
종족구성	그루지야인(83.8%), 아르메니아인(5.7%), 아제르바이잔인(6.5%), 러시아인(1.5%), 기타(2.5%)
공용어	그루지야어
종교	그루지야 정교(83.9%), 이슬람교(9.9%)
통화	라리(Lari)

아르메니아(Armenia)

수도	예레반
종족구성	아르메니아인(97.9%), 쿠르드족(1.3%), 러시아인(0.5%)
공용어	아르메니아어
종교	아르메니아 사도교(94.7%)
통화	드람(dram)

아제르바이잔(Azerbaijan)

수도	바쿠
종족구성	아제르바이잔인(90%), 다게스탄인(3%), 러시아인(2.5%), 아르메니아인(2%)
공용어	아제르바이잔어
종교	이슬람교(93.4%), 러시아 정교(2.5%), 아르메니아 정교(2.3%)
통화	마나트(Manat)

1. 캅카스 국가의 문화

1) 개요

캅카스 산맥 남쪽에 자리하고 있는 그루지야, 아르메니아, 아제르바이잔 세 나라는 일반적으로 캅카스 3국이라고 부른다. 이들 세 나라 역시 다른 구소련 공화국들과 마찬가지로 1991년 소비에트로부터 독립했다. 캅카스 산맥은 길이 800km, 넓이 300km에 이르는 산악지역으로, 지리적으로는 유럽과 아시아를 나누고, 정치적으로는 러시아와 중동 사이의 경계선 역할을 한다. 유럽에서 가장 높은 산인 옐브루스 산(5,642m)도 이 산맥에 위치하고 있다. 이 산맥은 어느 방향이든 여행하기가 어렵고 험악하지만, 산 위에 나 있는 길 덕분에 왕래가 불가능하지는 않았다. 역사적으로도 다양한 종족들이 이 길을 이용해 동과 서, 남과 북으로 이동해 갔다. 기후는 유럽과 지중해의 요인 때문에 산악지대의 아열대 건조 기후에서 바닷가의 아열대 습한 기후까지 다양하다. 고지대는 춥지만, 산맥의 동서 양쪽 끝에 자리하고 있는 흑해와 카스피 해는 높은 산이 북쪽에서 불어오는 바람을 막아 주어 온화한 편이다. 자연 풍경 역시 고도에 따라 다르다. 상층부는 고산식물로 덮여 있어 목축에 이용되며, 그 아래쪽으로는 숲지대가 펼쳐져 있다. 더 아래쪽 산비탈은 차 재배지와 레몬이나 오렌지 과수원, 포도밭이 덮고 있다. 저지대의 습지들은 20세기 중반 인공적으로 물을 모두 빼내고 곡물과 옥수수 농장으로 바꾸었다.[1)]

캅카스의 동식물계는 매우 다양해서, 6,000종 이상의 식물과 수십 개의 다른 동물 종이 서식하고 있는 것으로 알려져 있다. 하층토는 광물자원으로 풍부하다. 고대 이래로 사람들은 이곳에서 구리, 철, 은, 납 등을 채굴해 왔다. 현재 이 지역에서 생산되는 광물 자원 중 경제적인 중요성을 띠는 것은 망간과 몰리브덴이다. 석유 매장량도 상당한데, 특히 아제르바이잔은 자국 영해인 카스피 해 연안에서 대규모 석유 매장지가 발견된 덕분에 다른 두 나라보다 더 빠른 경제성장을 보여 주고 있다.

캅카스 3국은 풍부한 지하자원을 보유하고 있음에도 불구하고 그것을 효율적으로 활용하고 있지 못하다. 무엇보다 캅카스의 지하자원은 지난 몇 년 동안 무제한으로 채굴되다 보니 캅카스 국가들은 유사한 환경 문제로 고통 받고 있다. 가장 심각한 문제는 석유 정련소, 비효율적인 화학이나 야금 산업으로 인해 생기는 공기와 수질 오염이다. 공기가 가장

---

1) 캅카스 국가들의 문화에 대해서는 Roudik, Peter L., 2009, *Culture and Customs of the Caucasus*, Westport: Greenwood Press, pp.1-44, 63-104, 127-142를 참조하였음.

나쁜 곳은 석유 산업이 집중되어 있는 아제르바이잔의 수도 바쿠이다. 카스피 해 역시 기름 누출과 미처리 하수나 오물의 투기 때문에 물이 오염되어 있다. 바쿠 북쪽으로 30km 떨어진 곳에 위치하고 있는 숨가이트 시는 소비에트 시대 국가 화학 산업의 중심지였다. 제2차 세계 대전 이후 소비에트 정부는 이 지역에 정유 공장, 석유 화학 콤비나트 등 석유 관련 제조업 공장 등을 대거 건설하여 유럽 지역의 대표적 공업도시로 성장시켰다. 반면 공업화로 인해 심각하게 나타나는 환경 문제에 대해서 정부는 전연 관심을 기울이지 않았고, 그 결과 2007년 UN은 숨가이트가 지구상에서 두 번째로 살기 나쁜 도시라고 보고했다. 도시 전체가 중금속, 폐유, 그 밖에 다른 화학 물질로 오염되어 있다. 그 결과 이 지역에서 태어나는 많은 아이들은 뼈가 기형이거나 유전병, 정신 지체를 앓고 있는 것으로 보고되고 있다.

캅카스 3국은 농사에 적절한 아열대 기후를 가지고 있었기 때문에 소비에트 정부는 이곳을 전체 국민들의 식량 지원 기지로도 개발했다. 그러나 이 과정에서 또 다른 문제가 발생했다. 국가는 소비에트의 나머지 지역을 위해 부족한 아열대 곡물 생산량을 증진시킬 수 있도록 강력한 농약 사용을 적극적으로 권장했다. 이제는 그런 많은 화학 약품들이 사용되고 있지 않지만 한 번 오염된 지하수는 여전히 회복되지 못하고 지역 환경을 위협하고 있다. 카스피 해에서의 불법적인 철갑상어 포획도 민감한 환경 문제이다. 러시아는 검은 캐비아의 소비를 공식적으로 금지하고 있지만, 전 세계 캐비아 무역의 큰 부분을 차지하고 있는 아제르바이잔이나 이란은 이런 규제를 따르지 않고 있다.

캅카스 3국은 지리적으로 인접해 있고 같은 산악지역에 오랜 세월 함께 거주해 왔기 때문에 유사성의 맥락에서 많이 논의되지만, 국가별 역사와 문화, 인종, 종교 등을 살펴보면 유사성보다는 차별성을 더 많이 확인하게 된다.

(1) 아르메니아

아르메니아는 나무는 거의 없고 주로 현무암 절벽으로 이루어진 국가이다. 이른 봄에만 잠시 자라나는 푸른 풀들은 여름과 가을에는 강한 태양빛 아래 다 타버린다. 나무나 풀은 거의 없고 돌만이 아르메니아의 자연적, 문화적 풍경의 주요 특징이 되다 보니 국토 전체에서 사람들이 살 만한 곳은 그리 많지 않다. 사람들은 대부분 서쪽이나 북서쪽에 모여 살고 있으며, 인구가 가장 많은 지역은 아라스 강을 따라 위치하고 있는 아라라트 계곡이다. 관개시설이 잘되어 있어서 이 계곡은 과수원, 정원, 포도밭으로 덮여 있다. 아라라트 산은 아르메니아인들에게는 정신적 공간이며 신들의 집이기도 하다. 그들은 창세기의 내용에 따라 노아의 방주가 홍수에 떠다니다가 마침내 정착한 곳이 아라라트 산이라고 믿고 있다. 이 산은 또한 아르메니아 민족주의에서도 중요한 역할을 한다.

오늘날 아르메니아 기업들은 구리, 몰리브덴, 인조 다이아몬드, 고무, 건축자재, 전자제품, 옷감, 비단 등을 생산하고 있다. 소비에트 통합 경제에서 아르메니아의 교육받은 숙련된 주민들은 소비에트 전체 국민이 사용할 물건들을 생산해 냈다. 하지만 중공업은 추가 에너지 자원을 필요로 했으며, 이를 위해 정부는 지방 주민들의 삶을 위험에 처하게 하면서까지 이곳 지진대에 핵발전소를 세웠다. 아르메니아 사람들을 고통스럽게 하고 있는 토양오염과 수질오염은 아르메니아의 불균형적인 산업성장의 결과이다.

(2) 아제르바이잔

아제르바이잔은 동쪽으로 카스피 해 연안에 접하고 있지만, 국토의 대부분이 캅카스 산맥에 위치하고 있으므로 국토의 반이 산지이다. 아제르바이잔이라는 말은 그리스어 아트로파테스가 변형된 것인데, 이 말은 '불에 의해 보호받는'이라는 뜻으로, 불을 섬기던 고대 종교 조로아스터교가 이곳을 중심으로 활동했던 것에서 유래하고 있다.

저지대에서는 감귤, 차, 쌀이 재배되고, 산비탈은 포도밭과 과수원으로 덮여 있다. 카스피 해는 아제르바이잔 경제성장에 주요 역할을 하고 있는데, 이곳은 청어, 잉어, 철갑상어 등 다양한 어종의 보고이며, 특히 캐비아를 생산하는 철갑상어는 매우 중요한 수출 품목이다. 또한 카스피 해는 석유 매장량도 풍부하며, 이와 관련된 석유 채굴과 가공, 운송 등이 아제르바이잔 경제의 중추 역할을 하고 있다. 두 번째로 규모가 큰 산업은 농업이다. 소비에트 시대 아제르바이잔은 투자와는 거리가 멀었으며, 정부는 이 지역의 개발에 관심을 기울이지 않았다. 그 결과 소비에트 통치 말기 아제르바이잔은 생산력이나 경제 산출에서 소비에트 국가들 중 그 위치가 가장 낮았다. 그러나 독립 이후 카스피 해 연안에서의 석유 채굴과 관련 산업, 내륙을 중심으로 한 농업으로 아제르바이잔 경제는 빠르게 성장하고 있다.

(3) 그루지야

그루지야의 전설에 따르면 신이 세상 사람들에게 땅을 나누어 주고 있을 때 그루지야 사람들은 먹고 마시는 데 정신이 팔려서 자신들의 차례를 놓쳤다고 한다. 그러나 그들이 신을 파티에 초대하여 온갖 종류의 음식과 술로 대접을 하자 신은 그 맛에 완전히 반해 그

보답으로 그루지야 사람들에게 자신을 위해 남겨 놓았던 가장 좋은 땅을 주었다고 한다. 그만큼 그루지야 사람들은 자신들의 땅과 음식, 문화에 대한 자부심이 크다.

그루지야 사람들은 대부분 농민이다. 전 세계에 알려져 있는 밀의 종류 중 반 이상이 그루지야에서 생산된다. 와인 생산 역시 국가 경제의 주요 부분을 담당하고 있으며, 특히 그루지야와 러시아가 지금처럼 긴장관계에 있기 전까지 와인은 대부분 러시아로 수출되었다. 차, 담배, 옥수수는 서쪽 지역에서 생산되고 동쪽에서는 오렌지를 비롯한 다양한 과일들, 특히 포도가 흔하다. 광천수를 병에 담아 판매하는 것도 그루지야의 특별한 산업이다. 그중 보르조미 광천수는 의학적인 효능이 있어 치료에 사용되기도 한다. 리조트와 스파, 풍부한 유적지, 아름다운 자연 덕분에 그루지야는 매력적인 여행지이다. 현재는 음식 가공과 섬유산업이 국가 GDP의 3분의 2를 차지하고 있다.

2) 인구

캅카스는 인류 역사에서 사람들이 가장 오래전부터 정착하여 거주하고 있는 지역들 중의 하나이다. 규모에 있어서는 그다지 크지 않음에도 불구하고 40개 이상의 인종이 캅카스를 자신들의 고향땅이라고 주장하고 있는데, 이는 험준한 산악지형 때문에 인종들이 자연스럽게 분리되어 있었고 상호 간의 교류도 거의 없었기 때문이다. 고대와 중세시대 수많은 왕국이 존재했고 언어가 다양했던 것도 이러한 이유에서이다.

캅카스 사람들은 지구상에서 가장 오래 살아온 사람들 중의 하나이다. 그들은 춤과 노래, 문학 창작, 공예 작업 등 다방면의 예술에 재능이 있는 사람들로 알려져 있다. 삶에 대해 낙관적인 시선을 가지고 있으며 손님을 환대하고 음식과 와인을 좋아한다. 문화나 언어적으로 많은 차이를 보이지만 이곳 사람들의 외모는 상당히 유사하다. 남유럽 사람들과 비슷한 외모를 가지고 있는데, 대개 큰 키에 밝은 얼굴, 길게 두드러진 코, 검은 눈과 머리가 특징적이다. 푸른 눈에 붉은 머리를 한 사람들도 드물지 않다. 그루지야 사람들은 아르메니아나 아제르바이잔 사람들에 비해 푸른 눈과 좀 더 밝은 머리색이 흔하다. 아제르바이잔 사람들은 피부가 더 어둡고 키가 작은, 이란 사람들과 비슷해 보인다.

캅카스 여인들은 뛰어난 미모와 날렵한 몸매로 유명하다. 이러한 신체적 특징과 날렵함 덕분에 소비에트 시대에는 캅카스 지역 출신의 유명 발레리나들이 많았다. 여성들의 아름다움과 관련된 전설도 많아서 신조차도 반한 미모라는 찬사가 흔하게 들려온다. 한 지방의 전설에 따르면 신이 결혼을 해야겠다고 마음을 먹고 나서 세상의 모든 아름다운 여성들 중에서 신붓감을 고르기 위해 그들에게 자신이 있는 아라라트 산으로 오라는 명령을 내렸다.

신이 아름다운 여성들 중에서 가장 먼저 온 한 명을 택하자 뒤의 여성들은 더 이상 신에게 갈 필요가 없어졌다. 그때 그들이 남았던 곳이 그루지야이며, 그들은 이곳에서 아름다운 남자들을 낳았고, 그렇게 해서 이곳의 사람들이 잘생겨졌다고 한다.

3) 종교

캅카스의 종교적 상황은 지리적 위치 덕분에 항상 긴장과 혼돈의 상태 속에서 유지되어 왔다. 북쪽 러시아의 기독교 문명과 남쪽 페르시아의 이슬람 문명은 캅카스 산맥에서 충돌하는 경우가 많았으며, 그 결과 캅카스 지역은 기독교와 이슬람의 경계가 될 수밖에 없었다. 캅카스 3국 중 아르메니아와 그루지야는 기독교가 우월한 지위를 차지하고 있으며, 아제르바이잔은 무슬림 국가이다. 그루지야와 아르메니아에서 기독교는 국가 형성 과정에서 통치 이데올로기로 확립되었으며, 아제르바이잔에서 이슬람은 여러 인종들을 통합시키는 정신적인 지주로서의 역할을 하였다. 캅카스 국가들에서 종교는 역사적으로 민족 정체성과 밀접하게 연관되어 왔다.

(1) 아르메니아 교회

아르메니아가 기독교로 개종한 때는 301년이다. 아르메니아 역사책에서는 성자 그리고리가 당시 아르메니아의 트르다트 3세와 왕실을 기독교로 개종시킨 것으로 기록하고 있다.[2] 406년에는 성경 번역을 위해 아르메니아 문자가 만들어졌다. 이 두 가지 사건은 현재의 아르메니아 역사의 시작을 알리는 중요한 전환점이 되었다. 54년에서 428년까지 아르메니아 왕국을 통치하던 아르사시드(Arsacid) 왕조는 고대 이란의 파르티아 아르사시드의 분파였지만, 428년 아르사시드 왕조가 몰락한 이후 아르메니아에서는 교회가 본격적으로 국가 지도자의 지위를 차지하게 된 것이다.

아르메니아 교회는 이집트, 시리아, 에티오피아의 동방 교회와 같은 종파에 속해 있는데, 이들은 그리스도의 인성과 신성의 단성론에 대한 믿음을 가지고 있는 종파이다. 451년 칼케돈 총회에서 그리스도 단성론을 이단으로 여겨 문제제기를 하자 아르메니아 교회는 나머지 기독교계로부터 분리되어 나왔다. 아르메니아가 자신들의 국가를 갖지 못한 시기에는 교회가 종교적, 정치적 지도자의 역할을 하며 아르메니아의 문화를 보존하고 문자를 전

2) Academic American Encyclopedia-Page 172 by Grolier Incorporated.

파하는 일을 맡았다.

소비에트 시기 동안 아르메니아 교회는 다른 지역의 민족 교회들만큼 그렇게 심한 압박을 받지는 않았다. 공산당의 반종교 운동은 항상 아르메니아에서 완화되어 나타났으며, 필요한 경우 소비에트 정부는 교회를 자신들의 목적을 위해 이용하기도 하였다. 제2차 세계대전 당시 아르메니아 교회는 소비에트의 다른 교회들과 마찬가지로 국가 방어의 역할을 수행했다. 아르메니아 교회와 그루지야 교회는 다른 정교 교회들보다 더 참여적이고 민주적인 조직을 가지고 있었다.

(2) 그루지야 정교회

그루지야의 지배적인 종교는 정교이다. 그루지야가 기독교를 수용하기 이전 이곳의 사람들은 대부분 불을 숭배하던 고대 페르시아의 조로아스터교를 추종했다. 그러나 아르메니아 왕이 기독교를 수용한 지 30년 만에 그루지야 왕도 그 뒤를 따랐다. 4세기 전반, 기독교가 국교로 수용되기 이전부터 그루지야는 이미 기독교의 영향을 받고 있었으며, 1세기에 세워진 그루지야 정교 교회는 세상에서 가장 오래된 교회 중의 하나이다. 그루지야에 기독교를 전파한 사람들은 4세기경 로마 제국의 황제인 콘스탄틴의 선교사들이었다. 성경은 5세기에 그루지야어로 번역되었다. 그루지야 정교는 전 세계에서 가장 오래된 민족교회들 중의 하나이다. 수세기에 걸쳐 조로아스터교, 몽골, 볼셰비키 러시아의 지배와 박해를 받았지만, 그루지야는 항상 동방의 기독교를 위한 요새였다.

그루지야에서 교회는 종교적 신앙으로서뿐만 아니라 강한 민족적 정체성을 유지시켜 주는 삶의 중심이었다. 그루지야 정교회는 1811년에서 1943년 사이 모스크바 총대주교관구에 종속되기 전까지 800년 동안 독립교회였다. 러시아에 종속되는 과정에서 그루지야 사람들은 심각한 학살을 당했고, 또한 강력하게 저항했다. 그러나 제정러시아의 지배하에 있던 19세기 동안 그루지야 교회는 상당 부분 세속화되었고 소비에트 시대에는 사회주의 관념에 물든 그루지야 엘리트들이 자신들의 종교적 전통에 주의를 기울이지 않게 되었다. 스탈린 치하에서는 빠른 도시화, 대중교육, 극단적인 억압 때문에 교회는 더욱 약화되었다. 교회 당국의 부패도 약화의 한 원인이었다. 1970년대에는 그들에 의한 교회 재산의 횡령이나 교회 보물 판매가 이루어지기도 했다.

(3) 아제르바이잔 이슬람

아제르바이잔 영토에 살고 있는 사람들의 고대 종교는 그루지야와 마찬가지로 조로아스터교였다. 이곳은 기름과 가스가 충분히 매장되어 있는 지역으로 기름 불꽃이나 메탄가스가 지표 위로 보이는 경우가 종종 있었으며, 원주민들은 이런 불꽃을 보며 불의 신비한 힘에 대한 믿음을 가지게 되었고, 영원의 불이 솟아나는 곳에 신전을 세웠다. 불을 숭배하는 조로아스터교가 생겨난 이유나 사람들이 이 신앙을 가지게 된 것은 이러한 자연적 현상에 기인하고 있다.

아제르바이잔의 이슬람화는 다른 지역들보다는 늦게 이루어졌다. 아랍인들이 이 지역을 점령한 기간은 로마나 비잔틴, 페르시아보다 짧았지만 이슬람은 동캅카스 지역 사람들 사이에 주도적인 종교가 되었다. 중세 시대에 아랍인을 대체한 투르크인들은 이곳에 투르크 이슬람의 영향을 전파하였으며, 이것은 후에 세속적인 아제르바이잔 문화의 기초가 되었다. 러시아의 지배를 받던 다른 이슬람 국가들이 모두 수니 이슬람인 것과는 달리 아제르바이잔은 시아 이슬람이 주류를 이루고 있다. 중앙아시아나 볼가 유역 무슬림은 수니 무슬림인 투르크의 영향 하에 개종을 했지만 아제르바이잔은 시아 이슬람인 페르시아의 영향권 아래 있었기 때문이다. 그러나 수니 무슬림과의 관계가 부정적이거나 적대적이지는 않다. 아제르바이잔 내에 수니 이슬람의 수가 극히 일부이기는 하지만, 당국에서는 두 무슬림 집단이 투르크 유산의 계승자라는 점, 이란의 이슬람 근본주의에 대한 반대자라는 점을 강조하며 두 집단 사이의 적대감을 줄이려 노력하고 있다.

소비에트로부터 독립한 이후 아제르바이잔은 중동 이슬람 국가들의 재정적, 인적 후원을 받으며 그 어떤 지역보다 이슬람의 부활을 위해 더 많은 노력을 기울여 왔다. 그러나 다른 구소련 국가들과 마찬가지로 아제르바이잔 사람들은 종교를 그다지 엄격하게 지키고 있지는 않다. 모스크를 정기적으로 방문하는 사람은 많지 않으며, 여성들도 베일을 잘 쓰고 다니지 않는다. 또한 술을 마시는 것도 허용된다. 그러나 한편으로는 이란 근본주의가 아제르바이잔 내 이슬람 조직들에 재정적 지원을 제공하면서 영향력이 점점 커지고 있다.

4) 가족

오랜 세월 동안 가족은 캅카스의 민족적 전통을 지켜주는 제도였다. 가족 안에서 사람들은 자기정체성과 삶의 태도뿐만 아니라, 민족으로서의 소속감과 전문적인 기술까지도 습득했다. 특히 캅카스 산맥과 같은 험악한 자연 환경에서 사람들에게 가족 간의 긴밀한 유대관계는 생존을 위해 절대적으로 필요한 것이었다. 이러한 가족의 중요성도 독립 이후 처한 경제 위기와 전통적인 가치관의 혼란 속에서 많은 변화를 겪었다. 1991년 독립 이후 캅카스 공화국들은 전쟁이나 극단적인 경제적 위기와 같은 고통스러운 시기를 경험했다. 이러한 고통은 사회생활이나 가족 간의 관계에 엄청난 영향을 미쳤다. 광범위한 가난, 주택문제, 부족한 의료 서비스, 식량 부족, 안전에 대한 위협, 교육의 부실 등 모든 문제가 가족을 괴롭혔다. 그러나 사람들에게 삶의 지표를 제시하고 행동에 영향을 미치는 기본적인 가치로서의 가족은 결코 사라지지 않았다. 캅카스에서 대부분 사람들의 삶은 가족을 중심으로 돌아가고 있으며, 가족은 매우 중요한 사회적 요소이다. 남성들은 외부의 위험으로부터 가족을 보호하고 여성들은 집안 살림이나 화목한 가정을 이끄는 일을 한다. 공공 기관이 제대로 발달되어 있지 않을 때 대가족은 효과적인 협력과 안정을 보장하는 사회적 단위이기도 했다.

캅카스의 가족제도에서 또 하나 특징적인 것은 남성과 연장자에 대한 존경이 공식적인 요구사항이라는 점이다. 예를 들어 젊은 사람들은 연장자 앞에서 앉거나 누워서는 안 된다. 손을 주머니에 넣어서도 안 되고 연장자들보다 대화를 먼저 시작하거나 그들의 말을 끊거나 질문에 짧게 대답하거나 크게 말해서도 안 되며 춤과 담배, 술을 해서도 안 된다. 집 안의 가장은 존경의 표시로 난로 옆에 특별한 의자가 주어진다. 시골에서는 연장자 옆을 지나가는 것도 금기시되어 있다. 소녀들은 소년들보다 더 겸손하고 예의바르게 행동해야 한다. 그들의 속담 중에는 "연장자를 갖지 못한 사람에게는 행운이 없다", "고목이 쓰러지면 개미들이 공격하기 시작한다"처럼 연장자가 없을 때 가족은 약해진다는 의미를 담고 있는 내용이 많다.

그루지야의 산악민들에서는 지금까지도 가부장제적인 가족관계가 수세기 동안 유지되어 오고 있다. 집안일은 대부분 노동 집약적이기 때문에 많은 가족들은 강력한 노동력을 가진 대가족을 이루어 함께 산다. 아들들은 결혼 후에도 부모 집에서 계속 사는 일이 흔하다. 가족 구성원들 중 일부는 집을 나가 독립적으로 사는 경우도 있지만 땅은 항상 공동의 재산이다. 20세기 중반까지도 가족관계는 노동의 종류에 따라 구분되었다. 여성의 노동은 주로 집안일에 한정되어 있었는데, 이러한 일들은 별로 대접을 받지 못했다. 보통 연장자가 집안의 가장이었으며, 나머지 가족들은 그에게 종속되어 있었다. 그는 가족 구성원 모두의 임무를 결정하고, 가족의 결혼이나 이혼을 승인하거나 거부하며, 다툼을 해결하고, 복종하지 않는 가족 구성원에게는 신체적 형벌을 가하기도 했다.

가부장제 가족제도 하에서는 관습이나 종교적 규범조차도 가장이 인정하는 한에서 적용

될 수 있었다. 같은 마을에 사는 사람들은 혈연관계로 이어진 경우가 많으며 이들은 단단하게 결합된 공동체를 이루고 있다. 캅카스 민족들 대부분에게서 피의 복수는 가문의 자존심을 지키는 수단으로 자주 사용되었다. 이들은 자기 가문의 누군가가 해를 입으면 상대 가문의 사람들 전체를 죽이는 것으로 복수를 끝내곤 했다.

가장인 아버지가 사망하고 나면 어머니가 집안의 우두머리가 되는 경우도 있었다. 최고 연장자인 여성의 권위는 전통적으로 높았다. 딸이나 며느리들은 여성 가장에게 보고하거나 그녀의 허락 없이는 어떤 일도 할 수 없었다. 그녀는 여성 가족원에게 벌을 내리는 일을 결정하고, 남성들의 학대로부터 보호해 주기도 하였다. 이러한 역량 때문에 그녀는 대단히 존경받았으며, 남자들도 그녀의 의견을 고려하지 않을 수 없었다.

이처럼 가장이나 노인에 대한 공경은 소비에트 정부가 들어서기 전까지 가족이나 공동체를 지탱해 주는 주요 가치로서의 역할을 해왔다. 1930년대 이전까지 캅카스의 노인들은 존경받고 권위를 인정받으며 안락하게 지냈다. 가족 축하연에 연장자를 초대하고 그들에게 식사의 가장 좋은 부분을 먼저 권하는 것은 의무였다. 그러나 이러한 전통은 볼셰비키 혁명에 의해 상당한 손상을 입었다. 소비에트 정부는 지방 법원이나 공공 기관을 젊은이들로 채웠으며, 전통을 파괴하기 위해 나이든 사람들을 의도적으로 억압하거나 유형을 보냈다. 연장자들은 여전히 관습적으로 존경받고 있지만 많은 전통은 상실되었고 나이든 사람들의 권위는 이전만큼 그렇게 강하지 않다.

산업화와 기술의 진보 역시 가족 전통에 손상을 주고 있다. 1930년대 만들어진 민법에서는 가족관계를 현대화하였고, 남성과 여성의 지위를 동등하게 만들었다. 현재 세 나라의 법은 성차별을 금지하고 있으며, 자녀 양육이나 노인 부양, 재산 분할과 관련하여 남성과 여성에게 동등한 책임을 부과하고 있다. 소비에트 정책은 이슬람 공동체에서 강하게 유지되어 오던 가부장적 전통을 약화시키고 종교적 의식이나 지방의 결혼 전통을 근절하고 가족관계에서의 차이를 제거하려는 목적을 가지고 있었다.

5) 결혼

캅카스 사람들에게 결혼은 위신의 문제였다. 결혼은 개인의 의사와는 상관없이 가문의 연장자들에 의해 결정되었으며, 특히 가족은 노동력의 확보라는 측면에서 중요한 의미를 지녔으므로 결혼 과정에는 가문 전체 사람들이 참여하였다. 서로 다른 종교를 가진 사람들 사이의 결혼은 드물었으며, 대개는 승낙을 받지 못했다. 동족 간의 결혼식 비율이 높은 것은 비교적 높은 사회의 동종성이나 인종의식을 반영한다.

소비에트 시기를 거치면서 전통적인 결혼의 의미와 과정은 많이 축소되었지만 구소련의 다른 지역들에 비해 캅카스의 젊은이들은 이른 나이에 결혼을 하고 가정을 꾸린다. 세 공화국 모두 가족법에서는 결혼 가능 연령을 남자 18세, 여자 17세로 정해 놓고 있으며, 정부는 이러한 조항을 엄격하게 강요하고 있는데, 대학에 가지 않는 여성들 대부분은 법적으로 결혼이 가능한 연령을 지나자마자 18세에서 20세 사이에 결혼을 한다. 대학에 가는 여성들의 경우는 대학 3, 4학년 정도에 결혼을 한다. 젊은 남성들 중에는 23세에서 25세 사이에, 그리고 가끔은 27세 정도에도 결혼을 하는 경우가 있지만 여론은 이것을 매우 늦은 나이라고 생각한다. 결혼을 하지 않은 여성은 사회적으로 낮은 지위의 취급을 받는다. 직업이 없는 남성들이 일자리를 찾아 캅카스를 떠나면서 여성들의 결혼은 더 어려워졌다. 그 결과 10대 결혼이 증가하였으며, 남편과 부인 사이의 나이 차이도 더 커졌다.

과거의 결혼 의식에는 지참금이라든지 신부 훔치기, 부모들에 의한 정략결혼 등 다양한 전통들이 있었다. 대체로 여성들에게 불리한 전통이었음에도 불구하고 이러한 것들은 경제적인 이유로 정당화되곤 했다. 여성이 노동력의 일부이자 미래 가족 공동체의 잠재적인 어머니로 간주되던 시기에 어쩔 수 없는 선택으로 받아들여졌던 것이다. 반면 여성들에게 유리한 결혼 풍습도 있었다. 그루지야에서는 신랑이 신부의 부모에게 5마리에서 12마리의 암소를 지불했다. 아르메니아에서는 신부에게 선물이 주어졌으며, 지참금과 함께 선물은 여성의 재산으로 인정받았다.

일반적으로 젊은 사람들은 자신의 의사대로 배우자를 만날 수 있으며, 부모가 정해 주는 경우에도 자식들은 자신의 의사를 밝힐 수 있다. 두 사람이 결혼에 동의하면 신랑의 아버지와 삼촌, 두세 사람의 친척들이 신부의 집으로 결혼을 신청하러 간다. 이것은 주로 형식적인 절차이지만, 신부와 신부 부모는 그들의 방문을 전혀 예기치 못한 것처럼 가장한다. 신부 부모는 결혼에 찬성하더라도 바로 동의를 표현하지는 않는다. 아르메니아에서는 신랑 아버지가 두 번, 세 번 방문하는 것도 드물지 않았다. 신부의 아버지가 동의하고 나면 신부 쪽에서는 손님들에게 음식과 술을 대접하며 약혼을 알린다. 약혼에서 결혼까지는 수 개월에서 일 년까지 기간 차이가 나는데, 농경사회가 주를 이루는 환경에서 결혼식은 주로 가을 추수 후에 치러졌기 때문이다.

결혼식 전에 신부 집에서는 음식과 음료, 선물 등을 미리 준비해 놓는다. 보통 결혼식은 금요일 밤에 시작해서 일요일 저녁에 끝난다. 결혼식이 시작되기 전 신부는 친구들을 불러 지참금과 드레스를 살펴보며 식을 준비하고, 그 과정이 끝난 후 신랑 친구들이나 젊은 남자들과 함께 춤을 추며 축하한다. 오랜 전통에 따르면 신부는 왼손에 손수건, 오른손에 돈을 들고 춤을 추었다고 한다.

결혼식은 서너 명의 신랑 친구나 친척, 이웃들이 신부 집에서 닭을 훔치는 것으로 시작한다. 신부 쪽에서는 아무것도 모른 척하고 있다가 그들이 도둑질을 끝내고 나면 침입자를 잡는다. 그러나 그들이 신랑이 결혼할 의사가 있음을 확인시켜 주기 위해 왔다고 말하면 그들을 풀어 주고 결혼식을 시작한다. 훔친 닭은 신랑의 어머니에게 보내진다.

신랑은 특별히 제작된 검은색 정장을 입고 단추 구멍에는 붉은 꽃이나 리본으로 장식한다. 신부의 드레스는 신랑이 사서 가져오는 것이 관습이다. 신부의 아버지가 딸을 신랑과 신랑의 아버지에게 건네주면 그 다음 과정은 신랑의 집으로 옮겨서 진행된다. 신랑 신부가 신랑의 집으로 들어서면 도자기 접시들을 깨뜨리는 것으로 결혼 축하연은 시작된다. 접시를 깨뜨리는 것은 좋은 징조의 상징이다. 축하연은 하루나 이틀 동안 지속된다. 가까운 친척들은 보석과 같은 선물을 주기도 하지만 대부분은 돈으로 축하해 준다. 소비에트 시대에는 관청에 등록하는 것만으로 결혼이 성립되었지만, 독립국가가 된 이후 현재 캅카스 국가들에서 과거의 결혼식과 전통은 민족적 정체성의 뿌리로 여겨지며 부활하고 있다. 그러나 이전보다는 덜 엄격하다.

6) 여성

캅카스의 전통은 여성에게 겸손한 행동과 가족관계에서 협력자나 종속자의 역할을 하도록 가르쳐 왔다. 이러한 고정관념은 여성을 공적 생활이나 경제적 생활로부터 제외시키고 대신 출산, 육아, 요리, 집안일 등에 가둬두는 중요 이데올로기로 작용했다. 종교와 전통은 여성들의 사회적 진출을 허용하지 않았으며, 여성들 스스로도 개인적 성취보다는 가정에서의 역할에 스스로 더 큰 의미를 부여하였다. 이러한 경향은 캅카스 지역에 소비에트 정권이 수립될 때까지 큰 변화 없이 수백 년간 지속되어 왔다. 그러나 소비에트 시기 동안 강요된 근대화는 캅카스 사회에 근본적인 변화를 가져왔다. 여성이 차별받지 않을 권리를 얻게 되면서 그들이 작업장의 반을 차지하게 되었다. 소비에트 헌법은 남성과 여성의 평등을 선언했고, 모든 노동 현장에서 노동자들은 성의 구별에 관계없이 동일 노동, 동일 임금을 보장받았다. 또한 무신론을 표방하는 공산주의 국가에서 캅카스 종교 지도자의 역할이나 종교적 가르침은 그 힘을 상실했다. 종교에 근거한 가부장적인 전통도 변화를 받아들이는 여성들을 억제하지 못했다. 그 결과 캅카스의 여성들은 적극적으로 사회 활동에 나서기 시작했고, 남성들 못지않게 자신의 능력을 발휘하였다. 1990년대 초 의사의 3분의 2, 교사의 반이 여성이었다[3]는 사실이나, 캅카스 여성들의 읽고 쓰는 능력이 1926년의 19%에서

---

3) Suny, Ronald, 1993, *Looking toward Ararat: Armenia in Modern History*, Bloomington: Indiana University

1939년 62%, 1980년대 중반에는 100%까지 성장했다[4]는 구체적인 지표를 통해 여성 지위의 변화를 확인할 수 있다.

이러한 여성의 지위 변화에 대한 긍정적인 평가와는 달리 그것이 외형적인 변화에 불과하다는 지적도 무시할 수는 없다. 20세기 동안 여성들 대부분은 가정 밖의 직장에 고용되어 있었지만 급여는 남성들에 비해 현저하게 낮았으며, 남성들이 생계비를 벌어들이는 사람이라는 전통적인 인식에는 변화가 없었다. 특히 소비에트 해체 후 전체 러시아에 몰아닥친 기반시설의 몰락과 남성 노동력의 이민은 가족의 지위를 약화시키고 여성의 입지를 악화시켰으며, 전통적인 여성차별 현상을 다시 불러일으켰다. 소비에트 이데올로기에 가려져 있던 캅카스의 전통은 다시 부활하고 있으며, 그들 공동체 내에서 여성은 또 다시 가족을 위해 개인을 포기하기를 요구받고 있다.

7) 교육

소비에트 이전까지 캅카스의 교육은 일부 귀족이나 종교 지도자들에게만 한정되었지만, 적어도 교육을 받은 사람들은 존경받아 왔다. 캅카스 3국 중에서 아르메니아와 그루지야에서는 교육의 중요성이 보다 더 강조되었으나, 아제르바이잔의 경우 대학을 비롯한 고등교육은 가치를 덜 인정받았다. 그러나 소비에트의 무상 의무교육 시스템 덕분에 1980년대 모든 공화국들은 국민 전체가 읽고 쓰는 능력을 가지게 되었다. 세 나라 중 교육의 비율은 그루지야가 가장 높았다.

소비에트로부터 독립한 초기에는 심각한 경제난 때문에 다른 공화국들과 마찬가지로 캅카스의 교육기관들도 어려움을 겪었다. 재정 부족으로 인해 학교 건물의 유지 보수가 어려웠고, 교사들 월급은 줄어들었으며, 겨울 몇 달 동안은 난방비가 부족해 학교 문을 닫을 정도였다. 그러나 2000년대 이후 경제가 회복기에 접어들면서 이들 국가들은 교육에 적극적으로 투자하기 시작했고, 교육의 현대화를 위해 2005년에는 세 나라가 함께 볼로냐 프로세스에 참여하기도 했다.

세 공화국은 모두 현재 국민들에게 공립 중고등학교에서의 무상 의무교육을 헌법으로 보장하고 있다. 또한 교육 개혁을 통해 분산화, 다양화, 새로운 교육제도의 확립, 교과 과정의 변화, 새로운 재정 구조의 도입 등을 추구하고 있다 그러나 자원의 부족, 부실 경영, 부패, 관성, 보수주의 등이 이러한 변화를 강하게 가로막고 있다.

Press, p.184.

4) Ibid., p.153.

8) 음식

캅카스 사람들의 식사는 건강한 다이어트 식단이라고 말할 수 있다. 그들의 음식은 주로 식물성 기름, 견과류, 곡물, 구운 양고기, 가금류, 채소, 치즈, 요구르트 등으로 구성된다. 그들은 또한 많은 술을 소비한다.

이 지역의 요리법은 페르시아, 터키, 그리스, 지중해 요리가 뒤섞여 있다. 캅카스 세 나라의 음식 문화는 많은 점에서 유사하다. 사람들은 향료를 좋아하며 강한 향신료를 사용한다. 거의 모든 요리에 허브, 야생 채소, 양파, 마늘, 매운 고추 등이 들어간다. 빵은 지역에 따라 다른 스타일이나 모양으로 만들어지는데, 재료 역시 밀, 옥수수, 호밀 등 다양하다.

사람들은 단지 먹는 것의 즐거움을 위해 식사를 하는 것이 아니라 가족이나 친구들과 함께하기 위해 식사를 한다. 전통적으로 훌륭한 연회라고 하면 호두 소스가 들어간 가지, 훈제 철갑상어, 붉은 색 캐비아를 올린 버터 빵, 쌀을 채운 고추, 치즈, 식초에 절인 마늘, 고기만두, 매운 고추 등이 상에 올라간다. 주 요리는 매운 소스를 바른 양고기와 진흙 오븐에서 구운 빵이다. 디저트로는 과일이나 집에서 만든 케이크와 파이 등이 나온다. 음료수의 종류 역시 굉장히 많다. 사람들은 돌아가면서 건배를 제안하는데, 평화, 정치 지도자, 가족, 조상, 예술, 축일, 아름다운 여인, 추수, 행복한 미래 등 이유도 다양하다.

2. 캅카스 국가의 의료 현황

1) 그루지야의 의료 현황

Total population	4,260,000
Gross national income per capita(PPP international $)	4,920
Life expectancy at birth m/f(years)	67/75
Probability of dying under five(per 1000 live births)	29
Probability of dying between 15 and 60 years m/f(per 1000 population)	235/97
Total expenditure on health per capita(Intl $, 2009)	499
Total expenditure on health as % of GDP(2009)	10.1
Figures are for 2009 unless indicated.	

Source: Global Health Observatory.

Population data(in thousands)	2010	2009	2008	2007	2006	2000	1990	1980
Total population	4,219	4,260	4,307	4,358	4,411	4,745	5,460	5,073
Live births	51	52	52	53	53	57	89	91
Surviving infants	50	50	50	51	51	55	86	87
Pop. less than 5 years	247	245	241	237	234	276	457	433
Pop. less than 15 years	704	718	736	760	789	1,042	1,343	1,306
Female 15-49 years	1,111	1,135	1,157	1,178	1,195	1,238	1,348	1,323

United Nations, Population Division, The World Population Prospects—the 2008 revision, New York, 2009.

(1) 기대수명(Life expectancy at birth)

세계보건기구는 2009년 그루지야의 기대수명을 71세(남성 67세, 여성 75세)로 보고하고 있다. 이는 유럽 평균 75세(남성 71세, 여성 79세)에 못 미치는 수준이다. 그루지야의 경우 기대수명의 세계보건기구 보고 수치와 국가 보고서와의 차이가 큰데, 대부분 등록되지 않은 유아 사망률에 의한 것이다.

세계보건기구의 2004년 보고에 의하면 그루지야의 건강수명(disability adjusted life expectancy)은 64.4세(남성 62.2세, 여성 66.6세)로 유럽 선진국들의 평균보다 7.2세가 낮다. 또한 건강한 수명을 위해 남성은 6.2년, 여성은 8.4년을 소비하고 있다.

(2) 주요 사인

2001년 보고에 따르면 그루지야 전체 사인의 87.3%는 비전염성 질환에 의한 것이다. 외부 요인에 의한 사망은 3.5%, 전염성 질환에 의한 사망은 1.1% 그리고 사인이 불분명한 경우도 3.6%를 차지하고 있다.

심혈관질환은 그루지야 전체 사망의 70%를 차지하고 있는 질환이다. 전체 심혈관질환에 의한 사망의 약 절반은 허혈성 심장질환에 의한 것이고, 30% 이상은 뇌혈관질환에 기인한다. 심혈관질환은 남녀 모두 높은 사망률의 원인이 되고 있는데, 남성에게는 고혈압과 흡연이 주요 위험 요인이고(남성 흡연율 57%), 여성의 경우 고혈압과 과체중이 주요 요인이다. 특히 흡연율의 경우 1980년대에 비해 남녀 모두 10% 이상 증가하였다. 흡연은 암, 심혈관질환 및 호흡기질환에 의한 사망과 매우 밀접한 연관이 있어 사회 문제로 대두되고 있다. 또한 지속된 경제악화로 알코올 남용과 금지 약품 사용자 수가 증가해 국민 건강에 악영향을 미치고 있다.

1992～1996년 사이 결핵에 의한 사망률이 급격히 증가해 WHO 국가 중 가장 높은 수준을 보였다. 1988년 인구 100,000명당 29.7명에서 1997년 인구 100,000명당 145명으로 급증하였는데, 문제는 어른과 어린이 모든 연령층에서 나타나고 있는 현상이라는 것과 1995년부터 진행되어 온 국가 주도의 결핵퇴치 프로그램이 실제로 아무런 효과가 없었다는 점이다. 현재 결핵으로 인한 사망률 추이가 비교적 안정된 수준이지만 세계보건기구에 따르면 2005년 인구 100,000명당 사망률 98.1명으로 여전히 높다.

Ten leading disability groups as percentages of total disability-adjusted life-year(DALYs) for both sexes in Georgia(2002)

Rank	Males		Females	
	Disability groups	Total DALYs(%)	Disability groups	Total DALYs(%)
1	Cardiovascular diseases	36.8	Cardiovascular diseases	35.7
2	Neuropsychiatric conditions	17.8	Neuropsychiatric conditions	21.4
3	Malignant neoplasms	7.7	Malignant neoplasms	9.4
4	Unintentional injuries	6.3	Sense organ diseases	6.3
5	Perinatal conditions	4.7	Musculoskeletal diseases	6.0
6	Digestive diseases	4.4	Perinatal conditions	3.7
7	Sense organ diseases	3.9	Diabetes mellitus	2.3
8	Infectious and parasitic diseases	3.7	Infectious and parasitic diseases	2.2
9	Musculoskeletal diseases	3.4	Digestive diseases	2.2
10	Respiratory diseases	2.2	Unintentional injuries	1.9

Source: Background data from WHO(2003c).

Ten leading risk factors as causes of disease burden measured in disability-adjusted life-year(DALYs) in Georgia(2002)

Rank	Males		Females	
	Risk factors	Total DALYs(%)	Risk factors	Total DALYs(%)
1	High blood pressure	24.4	High blood pressure	22.4
2	Tobacco	15.1	High BMI	13.3
3	High cholesterol	12.8	High cholesterol	11.0
4	High body mass index(BMI)	10.7	Physical inactivity	5.6
5	Alcohol	9.9	Low fruit and vegetable intake	5.4
6	Low fruit and vegetable intake	6.3	Unsafe sex	2.8
7	Physical inactivity	5.6	Tobacco	2.5
8	Illicit drugs	3.8	Illicit drugs	1.4
9	Lead	2.0	Alcohol	1.2
10	Urban outdoor air pollution	1.1	Lead	1.1

Source: Background data from WHO(2003c).

① 심혈관질환

그루지야의 경우 심혈관질환에 의한 사망률이 70%에 달한다. 심혈관질환 사망자 중 약 절반은 허혈성 심장질환에 의한 것이고, 1/3 이상은 뇌혈관질환에 기인한다. 이는 다른 중앙아시아 국가들과 비슷한 수치이나 유럽 선진국에 비해서는 2배 이상 높다. 심혈관질환은 그루지야 보건 문제 중 사망률 측면에서 가장 심각한 질환이지만 이에 대한 개선은 여전히 불투명한 상황이다.

② 암

암에 기인한 사망률은 전 세계적으로 비슷한 수치를 보이고 있다. 그러나 그루지야의 경우 이로 인한 사망 기록이 정확하지 않아 분석이 매우 어렵다.

(3) 그루지야의 보건 개혁

그루지야는 소련 붕괴 직후 재정 부족으로 보건 체계가 매우 열악했다. 공식적으로 의료 서비스 지원은 무상이었지만 실제로는 의료진에게 뇌물을 주는 방식이 일반화되어 있었고, 병원 등 인프라도 매우 부족한 실정이었다.

그루지야는 독립 이후 국민보건에 대한 새로운 모델을 제시하였다. 중앙 정부는 보건 재정에 관한 결정권을 보건부 산하 12개의 지역 지부에 부여하였고, 재정부는 보건 시스템을 위한 사회보험기금 집행에 있어 결정적 권한을 갖고 있다. 따라서 지방 정부가 모든 보건 분야의 재정과 관리를 책임지고 관리하고 있는데, 이러한 지방분산 정책은 그루지야 보건 개혁의 주요 요소로서 1995년부터 현재까지 이어져오고 있다. 또한 병원 민영화에 관한 계획이 2007년부터 실행되어 현재 대부분의 치과 병원과 약국이 민영화되어 있는 상태이다.

그루지야의 GDP 대비 보건 분야 지출은 1991년 4%에서 1998년 0.7%, 1999년 0.5%로 급감하였다. 재정 수준이 기본적으로 국민 건강을 보호하고 지속적인 의료 편의를 제공할 수준에 미치지 못했다. 2003년 1.37%였던 GDP 대비 보건 분야 지출은 2005년 1.75%로 2004년 장미혁명 이후 다소 증가하였으나, 전체 보건비용 지출은 절대적으로 부족한 상황이어서 보건 분야의 개인 지출이 전체 GDP의 5.8%를 차지할 정도로 높다.

(4) Health profile

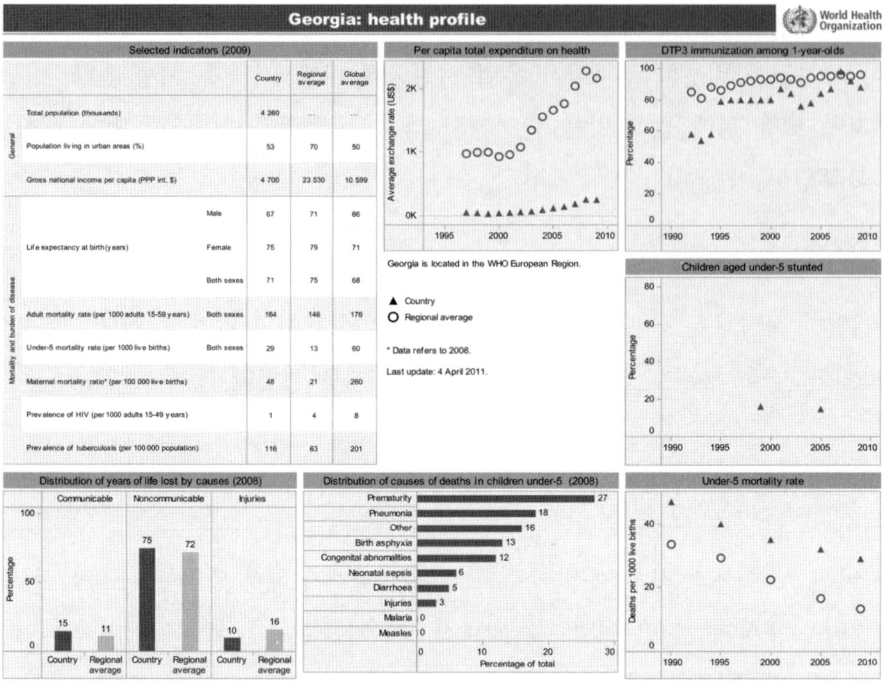

Georgia: health profile

Selected indicators (2009)

			Country	Regional average	Global average
General	Total population (thousands)		4 260	...	...
	Population living in urban areas (%)		53	70	50
	Gross national income per capita (PPP int. $)		4 700	23 530	10 599
Mortality and burden of disease	Life expectancy at birth (years)	Male	67	71	66
		Female	75	79	71
		Both sexes	71	75	68
	Adult mortality rate (per 1000 adults 15-59 years)	Both sexes	164	146	176
	Under-5 mortality rate (per 1000 live births)	Both sexes	29	13	60
	Maternal mortality ratio* (per 100 000 live births)		48	21	260
	Prevalence of HIV (per 1000 adults 15-49 years)		1	4	8
	Prevalence of tuberculosis (per 100 000 population)		116	63	201

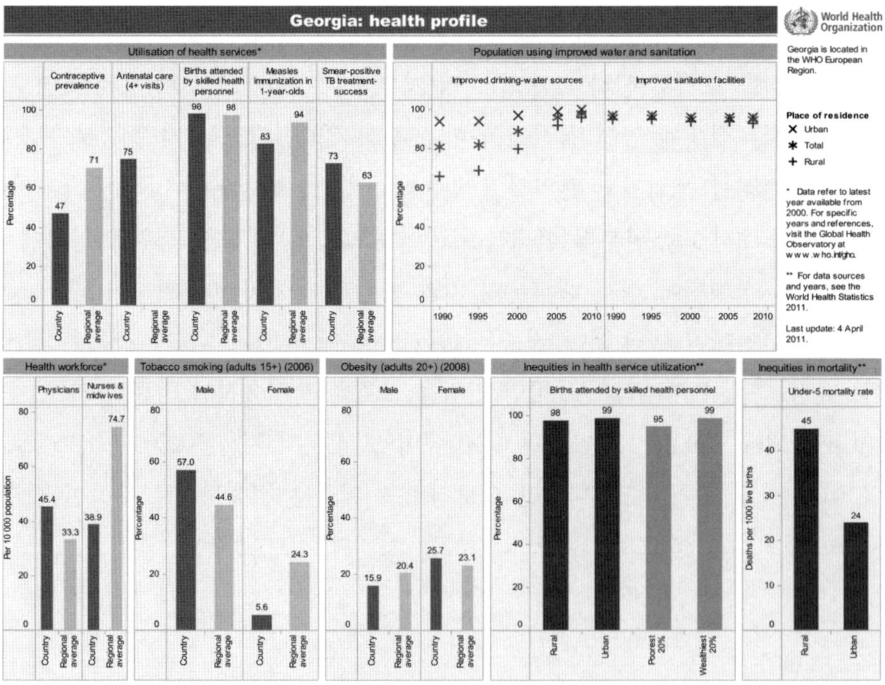

출처: WHO(World Health Organization), Country health profile.

2) 아르메니아의 의료 현황

Total population	3,083,000
Gross national income per capita(PPP international $)	6,310
Life expectancy at birth m/f(years)	66/74
Probability of dying under five(per 1000 live births)	22
Probability of dying between 15 and 60 years m/f(per 1000 population)	246/103
Total expenditure on health per capita(Intl $, 2009)	241
Total expenditure on health as % of GDP(2009)	4.7

Figures are for 2009 unless indicated.

Source: Global Health Observatory.

Population data(in thousands)	2010	2009	2008	2007	2006	2000	1990	1980
Total population	3,090	3,083	3,077	3,072	3,068	3,076	3,545	3,096
Live births	48	48	47	47	46	41	73	72
Surviving infants	47	46	46	45	45	40	70	68
Pop. less than 5 years	227	224	221	217	213	197	389	331
Pop. less than 15 years	625	626	632	642	656	796	1,077	941
Female 15-49 years	858	867	875	881	884	862	900	837

United Nations, Population Division, The World Population Prospects—the 2008 revision, New York, 2009.

(1) 기대수명(Life expectancy at birth)

세계보건기구는 2009년 아르메니아의 기대수명을 70세(남성 66세, 여성 74세)로 보고하고 있다. 캅카스 국가들 중 아제르바이잔보다는 2년 길지만 그루지야에 비해서는 1년 짧다. 또한 유럽 평균 75세에 못 미치는 수준이다.

세계보건기구는 2002년 아르메니아의 건강수명(disability adjusted life expectancy)을 61세(남성 59.4세, 여성 62.6세)로 보고하였는데, 이는 유럽 선진국에 비해 약 10년이나 짧은 수준이다. 또한 건강한 수명을 위해 아르메니아 남성은 7.6년, 여성은 10.4년을 소비하고 있는데 반해 건강수명이 가장 긴 스웨덴의 경우 남성 6.2년, 여성 7.9년을 소비한다.

(2) 주요 사인

2003년 아르메니아 사망의 83%는 비전염성 질환에 의한 것이며, 3%는 외부적 요인, 1% 미만은 전염성 질환 그리고 약 4%는 불명확한 요인에 기인한다. 심혈관질환이 전체 사망의 70% 정도를 차지할 정도로 매우 심각하다.

65세 이하 연령층의 주요 사망 요인으로는 순환기질환, 암, 외상과 중독 순이다.

일반적으로 아르메니아 사망률은 유럽 평균보다 약 20% 낮다. 성인 사망률 또한 비교적 낮아 유럽 선진국 수준과 비슷하다. 그러나 0~14세 그룹 사망률은 유럽 평균보다 25% 높으며, 유럽 선진국에 비해서는 2배 이상 높다.

아르메니아의 많은 국민들이 심혈관질환으로 고통 받고 있다. 건강을 위협하는 주요 위험 요인으로 남성의 경우 흡연(15세 이상 성인 남성 흡연률 61%)과 고 콜레스테롤이고, 여성의 경우는 과체중과 고혈압이다.

아르메니아의 경우 소련 붕괴 초기 총체적인 경제 위기와 내전을 겪었음에도 불구하고 대부분 CIS 국가들에게서 보이는 사망률의 급변 현상은 보이지 않았다. 전반적으로 통계 수치나 정보 접근에 많은 제약이 있지만, 성인 건강 상태가 CIS 국가들 중 대체로 양호한 편으로 분석되고 있다.

Ten leading disability groups as percentages of total disability-adjusted life-year(DALYs) for both sexes in Armenia(2002)

Rank	Males		Females	
	Disability groups	Total DALYs(%)	Disability groups	Total DALYs(%)
1	Cardiovascular diseases	24.2	Neuropsychiatric conditions	20.7
2	Neuropsychiatric conditions	14.7	Cardiovascular diseases	19.9
3	Unintentional injuries	10.5	Malignant neoplasms	11.5
4	Malignant neoplasms	10.5	Sense organ diseases	7.4
5	Sense organ diseases	5.1	Diabetes mellitus	4.7
6	Infectious and parasitic diseases	5.0	Musculoskeletal diseases	4.1
7	Digestive diseases	5.0	Digestive diseases	4.0
8	Perinatal conditions	4.4	Unintentional injuries	3.6
9	Respiratory diseases	3.8	Infectious and parasitic diseases	3.5
10	Musculoskeletal diseases	2.9	Perinatal conditions	3.4

Source: Background data from WHO(2003c).

Ten leading risk factors as causes of disease burden measured in disability-adjusted life-year(DALYs) in Armenia(2002)

Rank	Males		Females	
	Risk factors	Total DALYs(%)	Risk factors	Total DALYs(%)
1	Tobacco	20.3	High BMI	11.1
2	High cholesterol	9.4	High blood pressure	8.8
3	High body mass index(BMI)	8.9	High cholesterol	6.1
4	High blood pressure	8.2	Physical inactivity	3.9
5	Alcohol	7.9	Tobacco	3.5
6	Low fruit and vegetable intake	4.8	Low fruit and vegetable intake	3.1
7	Physical inactivity	4.4	Unsafe sex	2.9
8	Lead	1.4	Iron deficiency	2.8
9	Unsafe sex	1.2	Indoor smoke from solid fuels	1.3
10	Indoor smoke from solid fuels	1.2	Alcohol	1.0

Source: Background data from WHO(2003c).

(3) 아르메니아 보건의 문제점

세계보건기구는 최근 아르메니아 임산부와 아동의 보건 상태가 많이 향상되었다고 보고하고 있다. 보고에 따르면 영아, 유아, 임산부 사망률이 감소하고 있고, 소아마비백신 공급 등에 있어서도 어느 정도 긍정적인 결과를 가져왔지만, 실제 백신 접종률은 2006년 42.3%로 매우 낮은 수준이다. 담배 소비는 빠른 속도로 증가하고 있는데, 24~65세 남성 흡연율은 69.4%이다. 여성 흡연자 수는 상대적으로 적으나 지속적인 증가 추세에 있다. 아르메니아에서 알코올에 기인한 보건 문제는 크게 부각되고 있지 않지만 16~24세의 젊은 연령층에서 소비가 크게 증가하고 있다는 점은 주목할 만하다.

아르메니아는 재정 악화로 인한 보건 부담을 개인에 부과하고 있다. 건강 복지 기금의 유일한 재원은 일반적인 세수로 2006년의 경우 국내총생산의 1.64% 정도만 보건비로 지출하고 있는데, 보건복지부가 기본 연금을 책정하는 데 많은 예산을 쓰고 있기 때문이다. 그러나 2006년의 경우 보건 분야에 지원된 정부 예산은 전년에 비해 21% 증가하였고 주로 1차 진료 지원을 위해 쓰였다.

(4) 아르메니아의 보건 개혁

소련 시기 아르메니아의 보건 시스템은 연방 공화국 중 가장 나은 편으로, 국가가 모든 의료 서비스를 제공해 왔다. 하지만 소련 붕괴 이후 시장경제 체제 하에서 과거의 국가 의료 시스템은 붕괴되었고 현재 대부분의 국민들은 국가로부터 의료 원조를 받지 못하고 있다. 이의 가장 큰 원인은 국민보건 예산의 50% 이상을 대형 병원에 지원하여 지방 특히 농촌 지역에는 극히 제한된 서비스만 제공되었기 때문이다. 이에 아르메니아 정부는 1차 의료기관을 지원하여 만성질환의 예방 치료 및 관리에 중점을 두고 있다. 이렇게 1차 의료서비스 개선을 통한 국민 건강 증진을 의료 개혁의 기본 목표로 2006년에는 국가 예산의 상당한 증가를 보여 1차 진료(외래 진료소)의 무상 지원이 보장되었다. 2006년 이전까지는 사회적으로 불우한 계층이나 사회적 질병 환자 등 특정 그룹을 위해 공중 보건소 등에서 의료 서비스가 무상으로 제공되었으나, 소아과 등을 제외한 모든 의료 서비스와 진단 검사 시설 이용은 유료였다.

아르메니아 의료 개혁의 주안점은 의료시설 운영의 효율성을 최적화하는 것이었다. 2001년 2월 5일 병원과 클리닉 시설 확충, 의료 전문가 개발 등을 골자로 하는 보건 시설 최적화 프로그램을 정부가 승인하였다. 그러나 이를 위해서 국가 재정의 상당한 지원이 요구되었고, 결국 국민들의 세금부담이 가중되었다. 2001년 당시 의료시설은 171개에서 119개로 30.4% 감소하였고, 외래 진료소의 경우 374개에서 266개로 28.9%, 병상수는 23,119개에서 16,501개로 28.5% 감소된 상황이었다.

아르메니아는 무상 의료 서비스를 확대하기 위해 공공 기금 부족분을 민간 투자 부분을 늘리고 의료시설 민영화를 확대하여 충당하는 방향으로 지속적인 개혁을 단행하였다. 의료시설의 민영화는 소규모 시설(약국, 치과 병원 등)부터 대형 병원으로 확대되어 갔다. 2004년 일시적으로 의료기관의 민영화를 중단하였으나, 민영화는 아르메니아의 보건 시스템 발전에 어느 정도 긍정적인 역할을 했다고 분석되고 있다.

이 시기 아르메니아 정부가 채택하고 승인했던 개혁 정책은 다음과 같다.

- 2003년부터 2015년까지 모자보건을 위한 국가 전략
- 빈곤 감소를 통한 보건 향상
- 에이즈 예방을 위한 국가 프로그램
- 보건 환경 분야의 국가 프로그램
- 결핵 퇴치
- 2007년에서 2015년까지 출산 개선 프로그램
- 흡연과의 전쟁

1996년 제정된 「아르메니아 보건 및 의료 서비스에 관한 법률」에서 출산을 국가에서 무상으로 원조해 줄 것을 명시하였다. 하지만 실제 이에 대한 이행은 이루어지지 않았고,

2007년 9월 11일에 아르메니아 총리가 출산을 위한 추가 지원을 약속한 이후 2008년 7월 1일이 되어서야 정부는 출산에 필요한 비용 일체를 지원하기 시작하였는데 임산부는 임신 22주가 되면 국가로부터 출산지원증명서를 발급받는다. 이 개혁은 사회적 취약 계층에 우선 적용되기 시작하여 사회 전반적으로 출산율을 증가시키는 결과를 가져왔다. 또한 정부는 2011년 1월 1일부터 7세 이하 아동에게 의료 서비스의 전면 무상 지원을 실시하고 있다.

아르메니아 보건부는 2010년부터 2014년까지 응급의료 서비스 개혁 프로그램을 마련하여, 2011년 예산에서는 이 분야에 대한 예산 편성을 전년도에 비해 2배 증가시켰다.

보건 개혁은 기본적으로 국민들의 건강한 생활습관과 식습관, 결핵, 에이즈, 당뇨병, 간염 등과 같은 질병에 대한 정보제공, 흡연 및 알코올 중독을 줄이는 것 등을 전제로 하고 있다. 이 모든 것들은 건강한 사회 발전에 있어서 필수 요소들이다.

(5) Health profile

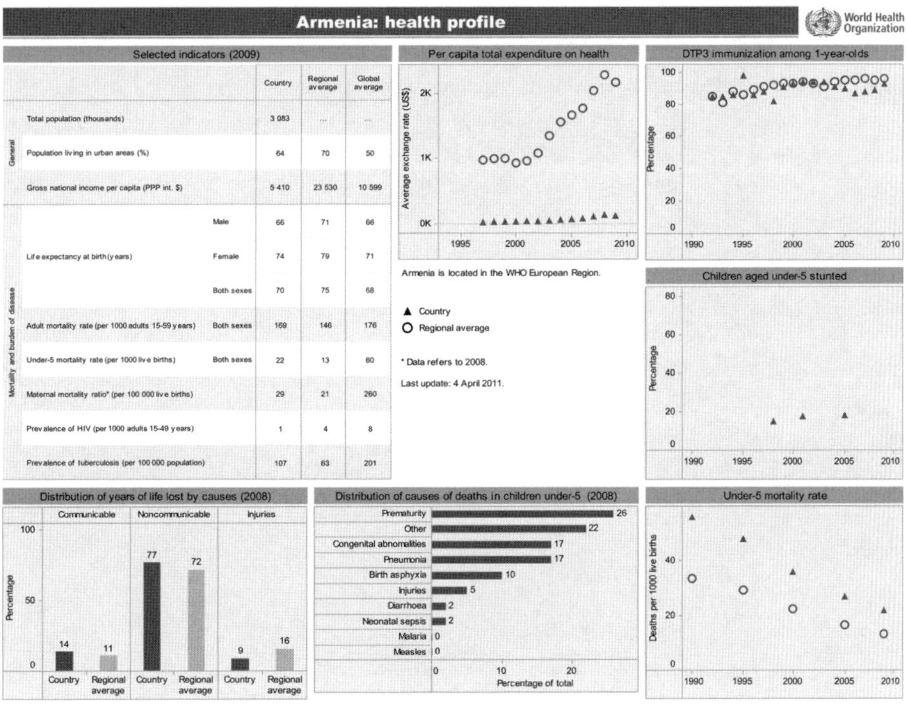

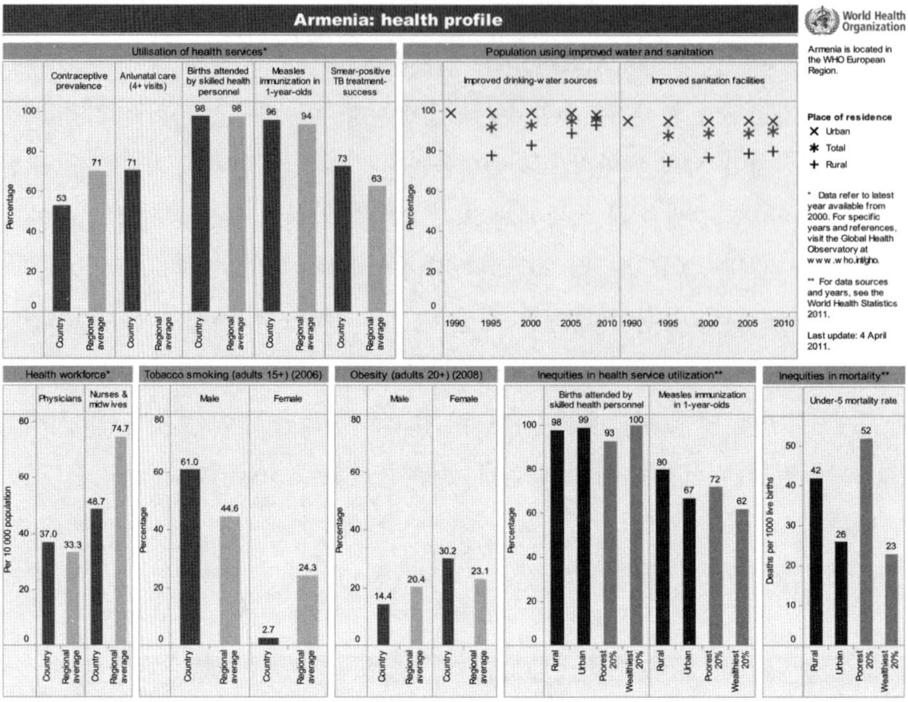

출처: WHO(World Health Organization), Country health profile.

3) 아제르바이잔의 의료 현황

Total population	8,832,000
Gross national income per capita(PPP international $)	7,770
Life expectancy at birth m/f(years)	66/70
Probability of dying under five(per 1000 live births)	34
Probability of dying between 15 and 60 years m/f(per 1000 population)	221/134
Total expenditure on health per capita(Intl $, 2009)	561
Total expenditure on health as % of GDP(2009)	5.8
Figures are for 2009 unless indicated.	

Source: Global Health Observatory.

Population data(in thousands)								
	2010	2009	2008	2007	2006	2000	1990	1980
Total population	8,934	8,832	8,731	8,632	8,538	8,121	7,212	6,161
Live births	171	169	166	162	157	141	194	157
Surviving infants	164	162	159	155	150	133	178	143
Pop. less than 5 years	786	764	738	710	686	699	942	706
Pop. less than 15 years	2,138	2,138	2,150	2,172	2,204	2,528	2,471	2,128
Female 15-49 years	2,620	2,612	2,597	2,573	2,545	2,304	1,845	1,585

United Nations, Population Division, The World Population Prospects–the 2008 revision, New York, 2009.

(1) 기대수명(Life expectancy at birth)

아제르바이잔의 기대수명은 2009년 68세(남성 66세, 여성 70세)로 유럽 평균 75세보다 매우 낮고, 비교적 소득 수준이 낮은 주변국 그루지야(71세)와 아르메니아(70세)에 비해서도 낮다.

수명 연장과 관련한 생활양식의 변화가 점차 요구되고 있어, 노인성 질환과 만성질환 등의 예방과 관리에 장기적인 국가관리 체계가 시급하다.

세계보건기구가 2004년 발표한 2002년 아제르바이잔 건강수명(disability adjusted life expectancy)은 57.2세(남성 55.8세, 여성 58.7세)이다. 이는 유럽 선진국 평균 71.6세에 비해 무려 14.4세나 짧다. 건강수명이 가장 긴 스웨덴은 73.3세(남성 71.9세, 여성 74.8세)이다. 60세의 건강수명은 남성 10.6년, 여성 12.4년으로 스웨덴의 17.1년, 19.6년과 많은 차이가 있다.

(2) 주요 사인

아제르바이잔 사망률은 유럽 선진국 평균에 비해 55% 높다. 성인 사망률은 비교적 낮으나 아동 사망률의 경우는 유럽 평균을 상회한다. 따라서 아동과 15~29세 여성을 제외하면 전체 연령그룹의 모든 질병에 대한 사망률은 유럽 평균보다 낮다.

2002년 전체 사망의 87%는 비전염성 질환에 의한 것이고, 3%는 외부 요인, 2%는 전염성 질환에 기인한다.

2002년 아제르바이잔의 주요 사망 요인은 심혈관질환으로 전체 사망의 63%를 차지한다. 이 중 약 60% 이상은 허혈성 심장질환, 20%는 뇌혈관질환이 그 원인이다. 암으로 인한 사망률은 유럽 평균에 비해 다소 낮은 편이다.

비전염성 질환에 의한 사망은 생활양식에 의한 것들이 대부분인데, 흡연과 알코올 소비가 가장 큰 원인이다. 결핵에 의한 사망률은 유럽 평균에 비해 10배 높다.

환경적인 요인 또한 건강을 위협하는 주요 요소이다. 아제르바이잔의 경우 전체 인구의 약 25%가 상하수도 시설 없이 생활하고 있는데, 지표수 대부분이 중금속과 농약 잔류물 등에 오염되어 있으며, 발전소 등에 의한 대기오염도 매우 심각하다. 그러나 가장 큰 문제는 이에 대한 환경 감시 시스템이 전혀 구축되어 있지 못하다는 것이다.

Ten leading disability groups as percentages of total disability-adjusted life-year(DALYs) for both sexesin Azerbaijan(2002)

Rank	Males		Females	
	Disability groups	Total DALYs(%)	Disability groups	Total DALYs(%)
1	Cardiovascular diseases	21.4	Neuropsychiatric conditions	19.4
2	Neuropsychiatric conditions	14.3	Cardiovascular diseases	17.8
3	Respiratory infections	10.8	Respiratory infections	10.4
4	Infectious and parasitic diseases	9.1	Infectious and parasitic diseases	6.6
5	Unintentional injuries	6.3	Malignant neoplasms	6.3
6	Malignant neoplasms	6.3	Digestive diseases	5.5
7	Digestive diseases	5.1	Sense organ diseases	5.1
8	Perinatal conditions	4.8	Respiratory diseases	4.4
9	Respiratory diseases	4.7	Perinatal conditions	4.0
10	Sense organ diseases	3.7	Nutritional deficiencies	3.6

Source: Background data from WHO(2003c).

Ten leading risk factors as causes of disease burden measured in disability-adjusted life-year(DALYs) in Azerbaijan(2002)

Rank	Males		Females	
	Risk factors	Total DALYs(%)	Risk factors	Total DALYs(%)
1	Tobacco	11.9	High BMI	8.4
2	High cholesterol	7.9	High blood pressure	6.9
3	High body mass index(BMI)	7.2	High cholesterol	5.6
4	High blood pressure	6.4	Indoor smoke from solid fuels	3.5
5	Alcohol	6.3	Iron deficiency	3.2
6	Low fruit and vegetable intake	4.0	Physical inactivity	3.1
7	Physical inactivity	3.6	Low fruit and vegetable intake	2.9
8	Indoor smoke from solid fuels	3.2	Childhood and maternal underweight	2.7
9	Childhood and maternal underweight	2.8	Unsafe water, sanitation, and hygiene	2.1
10	Unsafe water, sanitation, and hygiene	2.0	Unsafe sex	1.8

Source: Background data from WHO(2003c).

(3) 아제르바이잔 보건의 문제점

아제르바이잔은 오일머니 유입의 증가가 직접적인 보건 예산 증가로 이어지지 못하고 있어 구소련 연방 독립국가들 중에서 정부 보건 예산은 매우 낮은 편이다. 1990년대 초 구소련으로부터의 독립과 아르메니아와 전쟁 등으로 정확한 공식 통계수치를 통해 국민 보건 문제를 해결하기 어려운 상황이었다. 하지만 최근 여러 보고에 따르면 면역 프로그램의 확대로 어린이 백신 접종률이 높아지는 등의 개선이 이루어지고 있다. 그러나 빈곤이 국민 건강에 미치는 영향이 크다는 점을 감안해 볼 때 전체 인구의 절반이 빈곤선 아래에서 생활하고 있는 아제르바이잔으로서는 이에 대한 근본적인 해결책을 마련해야 할 것이다.

아제르바이잔의 보건 시스템은 지역 상황이나 유행성 전염병의 변동 등에 관계없이 모든 결정을 중앙에서 하도록 구성되어 있다. 보건 기금은 재정부에 의해 성과나 서비스의 질과 관계없이 부적절하게 관리되고 있으며, 집행에 있어서도 투명성이 매우 결여되어 있다. 보건복지부 또한 명확한 보건 정책이 결여되어 국민 보건 관리 능력이 부족하다.

아제르바이잔의 1차 의료 서비스는 잘 발달되어 있지 못하다. 의료시설 대부분은 물 부족, 전기 부족 등으로 매우 낙후되었고, 의료진들은 수적으로 부족할 뿐만 아니라 질적으로도 매우 낮다. 2차 의료기관의 경우 과거 소비에트 모델에 따라 병원과 병상의 수가 많았지만, 대부분 아제르바이잔인들은 경증 치료를 위해서도 주로 2차 의료기관을 찾고 있어 서비스 공급은 항상 부족하다. 많은 시설들을 정부가 독점하고 있지만 국가는 합리적인 서비스를 위한 조치를 취하고 있지 못하고 시설 부족과 의약품 부족 현상은 만성적인 문제점으로 제기되고 있다. 의료비용은 많이 상승했으나 의료진들의 봉급 수준은 매우 낮으며, 지방의 경우 공식적으로 지급되지 않는 경우도 많다. 강제의료보험의 실시는 연기되어 있는 상태이다.

(4) Health profile

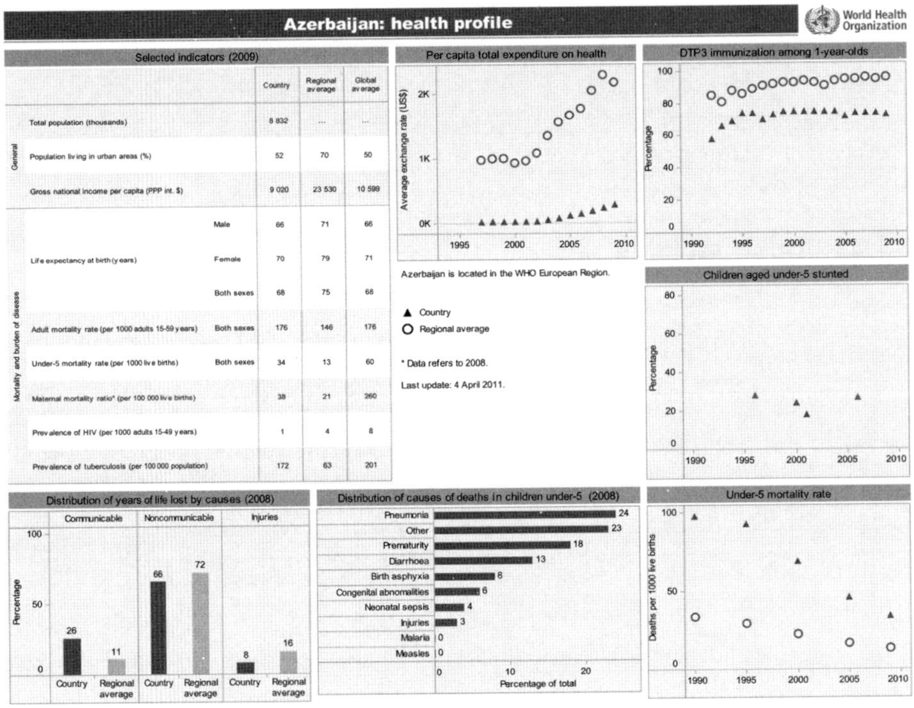

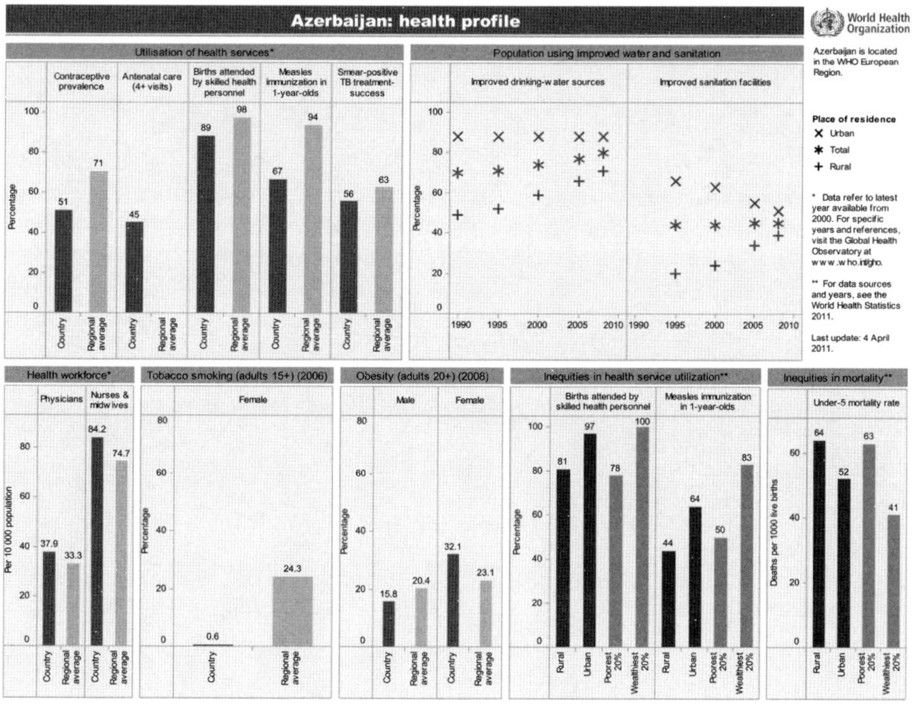

출처: WHO(World Health Organization), Country health profile.

Ⅵ. 발트 3국

VI. 발트 3국

리투아니아(Lithuania)

수도	빌뉴스
종족구성	리투아니아계(83.4%), 폴란드계(6.7%), 러시아계(6.3%)
공용어	리투아니아어
종교	로마가톨릭(79%), 러시아 정교(4.1%), 개신교(1.9%)
통화	리타스(litas)

라트비아(Latvia)

수도	리가
종족구성	라트비아계(57.7%), 러시아계(29.6%), 벨라루스계(4.1%), 우크라이나계(2.7%), 폴란드계(2.5%)
공용어	라트비아어
종교	루터교, 로마가톨릭, 러시아 정교
통화	라트(lats)

에스토니아(Estonia)

수도	탈린
종족구성	에스토니아인(67.9%), 러시아인(25.6%), 우크라이나인(2.1%)
공용어	에스토니아어
종교	복음루터교(13.6%), 러시아 정교(12.8%)
통화	크룬(kroon, EEK)

1. 발트 국가의 문화

1) 개요

발트 3국은 발트 해의 남쪽 해안가를 따라 나란히 자리 잡고 있는 북동유럽의 에스토니아, 라트비아, 리투아니아를 말한다. 세 나라는 저지대에 위치하고 있으며 숲이 울창한 지역이다. 계절에 상관없이 습기가 많고 축축하며, 여름에는 시원하고 겨울에는 온화하지만 눈이 많이 온다. 발트 해를 둘러싸고 있는 다른 국가들, 핀란드, 스웨덴, 독일, 폴란드와 비교해 보았을 때 이들 세 나라는 규모도 작고 평평하다. 산악지대는 없고, 평지의 많은 숲과 삼림지대, 호수, 강 등이 있을 뿐이다. 북쪽 끝의 에스토니아에서 라트비아를 거쳐 아래쪽의 리투아니아 남쪽 국경까지의 거리는 640km 정도에 불과하다.[1)]

2) 인구

에스토니아, 라트비아, 리투아니아는 규모가 작은 나라끼리 지리적으로 인접해 있다 보니 상당한 문화적 유사성을 띠고 있다. 그러나 사람들은 서로 다른 민족적 정체성의 바탕하에 생존을 이어왔다. 에스토니아인들은 핀란드인과 아주 가까우며 피노-우그리아어를 사용한다. 반면 라트비아와 리투아니아인들은 인도 유럽어족에 기원을 두고 있는 발트어를 사용한다. 세 나라 모두 제정러시아와 소비에트 통치를 경험했지만, 라트비아와 에스토니아는 13세기 이 지역을 점령하고 20세기 초까지 정치, 경제, 문화적 엘리트 그룹을 형성

1) 발트 국가들의 문화에 대해서는 O'Connor, Kevin, 2006, *Culture and Customs of the Baltic States*, Westport: Greenwood Press, pp.1-112를 참조하였음.

하고 있던 독일의 영향을 강하게 받았다. 반면 리투아니아는 2세기 이상 합법적으로 인접해 있던 폴란드와 문화적으로나 역사적으로 더 가까이 연결되어 있다. 종교적으로도 리투아니아인들은 폴란드인들과 마찬가지로 자신들을 가톨릭과 강하게 동일시하고 있는 반면 라트비아인과 에스토니아인들은 대부분이 루터교도이다. 그러나 인종과 종교의 차이에도 불구하고 이들 세 나라는 발트 민족으로서의 문화적 정체성을 공유하고 있다는 점에서 하나의 커다란 문화 공동체로 이해할 수 있을 것이다. 이교도 시대부터 전해 내려온 설화나 민간 전통은 세 나라의 음악, 문학, 예술 등에 공통된 영향을 미치고 있기 때문이다.

발트 3국은 작은 규모와 약한 국력으로 인해 고대 이래로 항상 주변 강대국들의 침략이나 지배에 거의 무방비로 노출되어 있었다. 오랜 세월에 걸쳐 이어진 여러 강대국의 지배와 이들 지역으로부터의 수많은 이민의 물결, 그리고 동유럽의 역사적 복잡성으로 인해 이 지역은 다인종 사회로 발전해 왔다. 라트비아의 경우 라트비아인은 60%에 불과하며, 나머지는 러시아인, 우크라이나인, 벨라루스인 등 러시아어 사용 민족이 차지하고 있다. 마찬가지로 에스토니아에서도 에스토니아인들은 3분의 2 정도이고, 나머지는 러시아어 사용 민족이다. 리투아니아인이 80% 이상을 차지하고 있는 리투아니아에서도 상황은 크게 다르지 않다. 발트 3국은 구소련 국가들 중에서도 가장 늦게 소비에트 연방의 일부가 되었음에도 불구하고 다른 공화국들에 비해 러시아인이 많은 것은 시사하는 바가 크다. 소비에트는 주변의 국가들을 정복하고 서로 다른 민족과 종교를 가진 사람들을 호모 소비에트쿠스라는 단일 공동체 의식 속에서 일체화하기 위해 여러 가지 다양한 정책들을 실시했다. 그중 하나가 각 지역의 엘리트들을 중앙 정부로 발탁하는 대신 러시아인들을 지방 정부에 책임 있는 자리로 파견하는 것이었다. 이때 러시아인들이 가장 선호했던 지역은 유럽과 지리적으로 가깝고 유럽 문화에 노출되기 쉬운 발트 국가들이었다. 러시아인들은 250여 년 동안 동아시아에서 발원한 몽골의 지배를 받기도 했고, 영토 확장을 통해 아시아 끝까지 진출했음에도 불구하고 자신들은 항상 유럽의 일부라는 생각을 버리지 않았으며, 기회가 있을 때마다 좀 더 유럽에 가까이 다가가려 했다.

러시아인들이 발트 국가를 지향했던 것과는 달리 이들 세 나라는 구소련의 다른 어떤 국가들보다 러시아로부터의 독립을 강력하게 염원했다. 1980년대 말 동유럽 국가들에서 시작된 반러시아 혁명은 발트 3국이 독립을 선언하게 된 직접적 계기가 되었다. 그러나 1991년 말 소련으로부터 독립을 얻어낸 후에는 다른 구소련 국가들과 마찬가지로 심각한 경제적 위기 속에서 많은 어려움을 겪기도 했다. 1990년대 전반기는 계속되는 경제적 위기의 시대였다. 정치적 민주주의 역시 발트 국가들에게는 도전이었다. 1990년대 초에는 정당의 급격한 증식과 정치 상황의 혼란 때문에 국가의 존립마저도 흔들렸다.

그러나 현재 발트 국가들의 경제나 정치에 대해서는 전반적으로 낙관적인 전망이 지배적이다. 2004년 세 나라는 모두 유럽연합과 북대서양조약기구(NATO)에 가입하였으며, 이로 인해 많은 발트인들은 자신들의 안전이 이전보다 더 확고해졌다고 생각하고 있으며 경제적 전망도 밝다고 보고 있다.

3) 종교

현재 발트 국가들의 종교적 삶에 있어 가장 눈에 띄는 현상은 종교적 다양성과 관용성이다. 1991년 독립을 획득한 이후 각국 정부는 완전한 종교의 자유라는 원칙을 유지했다. 이 지역의 전통적인 종교인 루터교, 가톨릭, 러시아 정교가 부활하기 시작했고, 외부로부터 감리교, 침례교, 펜테코스트파, 제7일 안식일 예수재림교 등 다양한 종교가 진출해 왔다. 그러나 앞에서도 밝혔듯이 각국의 종교 사정은 역사적 종교 수용 과정에 따라 서로 다른 양상을 보여 주고 있다. 리투아니아는 충실한 가톨릭 국가로서 자신들의 민족적 정체성과 로마 가톨릭으로서의 종교적 정체성을 분리불가분의 관계로 인식하고 있다. 에스토니아는 이웃 핀란드인들과 마찬가지로 종교에 대해서는 개인적으로 접근한다. 종교적 신념은 지극히 개인적인 문제로 생각하며 종교에 대해 공개적으로 토론하기를 꺼려한다. 종교적으로나 인종적으로 아주 다양한 라트비아 역시 종교 문제와 관련해서는 대단히 관용적이다. 에스토니아인들처럼 그들도 종교를 개인적인 영역으로 간주하려는 경향이 있다.

에스토니아는 유럽에서 가장 세속적인 국가 중의 하나이다. 1980년대 말 다른 발트 국가들에서와 마찬가지로 교회의 붐 현상이 나타나기는 했지만 1990년대 중반 이후 쇠퇴하기 시작했다. 비교적 적은 수의 에스토니아인들만이 공식적인 종교기관에 가입했다. 에스토니아에서 가장 큰 종파는 '에스토니아 복음주의 루터교'로 17만 5천 명 정도의 신도를 가지고 있는 것으로 파악되고 있다. 1934년에 87만 4천 명 정도에 이르던 신도 수는 소비에트 종교 탄압이 시작되면서 급격하게 줄어들었고, 독립 후에도 이전 상태로 회복하지는 못하고 있다. 라트비아는 진정으로 다종교 국가이다. 공산주의의 몰락 이후 라트비아의 기독교도들은 특정 종파가 절대다수를 차지하지 못하고, 프로테스탄트, 정교, 로마가톨릭 등으로 비슷하게 분리되었다. 대부분의 라트비아 민족은 루터교에 속해 있기는 하지만 종교에 대한 그들의 태도는 미지근하다. 에스토니아에서와 마찬가지로 라트비아의 루터교회도 1935년 이후 분명하게 감소했다. 위의 두 나라와 비교해서 리투아니아는 좀 더 강한 종교적 성향을 보여 준다. 주민의 3분의 2는 가톨릭이며, 세 명 중 한 명은 적어도 한 달에 한 번 교회에 다니는 것으로 알려져 있다. 또한 전국 어디에서나 나무로 된 교회를 쉽게 볼 수 있다. 수도인 빌뉴스만 해도 대략 40여 개의 가톨릭 교회가 세워져 있다.

4) 결혼

에스토니아, 라트비아, 리투아니아는 점점 더 현대화되고 도시화되고 있는 국가들로서 발트 국가들의 전통적 결혼 풍습은 사라졌다. 북동유럽의 농경사회에서 결혼은 신랑과 신부의 부모가 정해 주는 것이 관습적이었다. 농경사회에서 대부분의 사람들은 가난하게 살았기 때문에 신부를 고르는 가장 중요한 기준은 외모나 재정 상태가 아니라 그녀의 부지런함이었다. 아내들은 집안일을 하고 아이들을 키우고 바깥에서 일을 하는 남편의 일에 동참해야 했기 때문이다. 근대 이전 결혼식은 전형적으로 추수가 끝난 늦가을이나 겨울에 치러졌다. 오래전에는 결혼식이 일주일이나 그 이상 지속되었지만, 시간이 지남에 따라 2~3일 정도로 날짜가 줄어들었다.

현재 발트 국가들은 서구인들과 마찬가지로 결혼을 개인적인 일로 생각하며 가족, 친구, 신 앞에서 결혼 서약을 하는 것으로 간단하게 축하한다. 그러나 얼마 전까지만 해도 결혼은 훨씬 더 진지했다. 리투아니아나 라트비아의 일부에서는 결혼식에서 슬픈 음조의 노래를 부르기도 했는데, 젊은 여성들이 근심걱정 없이 살던 부모의 집을 떠나 남편의 집으로 들어가는 것에 대해 동정을 표하기 위해서였다. 결혼을 신부의 죽음이라고 보는 경우도 있었다.

결혼 관습이나 전통은 지역이나 나라마다 다양했다. 그중에는 널리 퍼진 관습들도 있었는데 대표적인 것이 신부 납치였다. 옛 라트비아 관습 중에는 신랑들러리들이 신부를 납치한 후 신랑에게 돌려주는 대가로 노래를 부르게 하거나 몸값을 요구하는 것이 있었다. 이러한 관습은 에스토니아, 보헤미아, 그 밖의 지역 등에서도 발견된다. 중앙아시아의 키르기스 같은 곳에서는 오늘날까지도 결혼 전 납치가 계속되고 있다. 그러나 이곳에서는 놀이가 아니라 실제로 납치가 벌어지고 있기 때문에 심각하다.

발트 국가들에서 결혼식의 주역은 신랑이나 신부가 아니라 그들의 들러리들이며, 신랑 신부조차 수동적인 참여자이다. 결혼식은 전통적으로 많은 사람들이 함께하는 행사로서, 그들은 인생의 여정을 함께 시작하는 두 사람을 위해 노래하고 춤추고 축하연을 열어 준다. 물론 옛 결혼식 전통은 이미 도시에서는 사라졌지만 시골에서는 가끔 목격되기도 한다.

5) 가족

오늘날 발트 국가들의 가족 유형은 높은 이혼율과 핵가족, 한 부모 가족 등 서유럽이나 미국의 경향과 크게 다르지 않다. 세 나라 중에서는 리투아니아가 결혼이나 가족에 대해 가장 보수적인 태도를 유지하고 있다. 가족은 전통적으로 대가족이며, 이혼은 흔하지 않다. 그러나 이곳에서조차 최근 몇 십 년의 경향은 이웃 국가들과 크게 차이가 나지 않는다.

결혼율은 떨어지고 있으며 결혼 연령도 점점 더 높아지고 있다. 고등교육을 받고 전문직에 종사하는 젊은이들이 많아지면서, 또한 적당한 집을 구하기가 어려워지면서 이러한 현상이 나타나고 있는데, 이는 전 세계적인 현상이기도 하다. 결혼하는 비율이 감소하면서 이혼하는 숫자도 줄어들고 있지만, 이혼율은 전 세계 기준과 비교해 볼 때 매우 높게 나타나고 있다. 가톨릭 국가인 리투아니아의 경우 1950년대까지 이혼은 아주 드문 일이었지만, 1970~80년대 소비에트 말기 급격하게 상승했으며, 1990년대에 정점에 이르렀다.

6) 여성

발트인들의 전통문화에서는 여성에 대한 태도가 대체로 호의적이다. 기독교화 이전 발트인들의 많은 중요한 신들은 여신이었으며, 여사제들은 폭넓은 존경을 받아 왔다. 발트문화의 전달자들과 축적된 지혜를 간직하고 있는 사람들 역시 여성들이었다. 이러한 문화적 배경 속에서 19세기 에스토니아와 라트비아의 농민들에게 교육의 기회가 주어졌을 때, 몇몇 지역의 여성들은 남성들과 거의 동등한 수준의 읽고 쓰는 능력을 얻을 수 있었다.

그러나 독립 이전 발트 국가의 여성들에게 자신들의 권리를 보장하고 이익을 증진시키기 위한 조직화의 능력은 거의 없었다. 물론 소비에트 시대 남녀평등이 법적으로 보장되고 모든 국민들에게 교육의 기회가 균등하게 주어지면서 여성의 지위에도 주요 변화가 있었다. 그들은 빠르게 산업화되어 가는 소비에트 경제에 노동자로서 봉사해야만 했다. 제2차 세계 대전이 끝난 후에는 많은 남성들이 전쟁에서 죽음을 당했기 때문에 여성들은 유례없는 규모로 작업장에 들어갔다. 그러나 주로 여성들이 진출하던 교사, 의사, 간호사, 비서, 점원 등의 직업은 '여성의 일'로 분류되어 낮은 지위로 대접받았고 적은 보수를 받았다. 또한 여성들은 직장일과 더불어 어머니이자 아내로서 집안일까지 해야 하는 이중고에 시달렸다.

소비에트 시대 여성이 누렸던 긍정적인 면은 그들이 높은 수준의 교육을 받을 수 있었다는 점이다. 소비에트 말기 발트 국가에서 고등교육기관의 남녀비율은 여성이 남성을 능가하였다. 여성들이 투표권을 얻었다는 것도 이 시대가 이루어 낸 주요한 업적 중의 하나이다. 그러나 공산주의 소비에트 시스템에서 투표권은 남성에게나 여성에게나 모두 무의미한 것이었다.

소비에트 해체 후 여성들의 상황은 실제로 상당히 악화되었다. 발트 국가들에서 고등교육을 받는 여성들의 비율은 남성 비율을 능가하고 학문적인 성취도에 있어서도 훨씬 더 우수함을 증명하고 있지만, 남녀 간의 급여 차이는 여전하다. 의료, 교육, 서비스 등 급여가 낮은 분야는 대부분 여성들이 차지하고 있고, 사업이나 경영처럼 수익성이 좋은 직업은 남성들의 전유물로 인식될 뿐 이 분야에서 여성들은 거의 성공하지 못하고 있다.

7) 교육

중세 시대 기독교가 도래하기 이전까지 에스토니아, 라트비아, 리투아니아에 공식적인 교육 시스템은 없었다. 유럽의 다른 국가들에서와 마찬가지로 발트 지역에 생긴 초기 학교들은 신학대학생이 되려는 사람들에게 라틴어를 가르치던 교회학교였다. 귀족 자제들을 가르치기 위한 세속 학교가 등장한 것은 15, 16세기가 되어서였다. 그 후 통치의 주도권이 스웨덴이나 러시아로 넘어간 후에도 에스토니아와 라트비아 대부분의 지역에서 교육은 순전히 독일식으로 이루어졌다. 수업은 독일어로 진행되었고, 독일어가 유창한 아이들을 독일 교사들이 가르쳤다. 이러한 상황은 기본적으로 19세기 중엽까지는 바뀌지 않았다. 읽고 쓰는 능력이나 교육은 발트의 프로테스탄트 지역이 정교도 러시아나 가톨릭의 리투아니아보다 앞서 있었다.

리투아니아에는 기독교가 조금 늦게 전래되었기 때문에 학교도 14세기 말에 이르러서야 설립되었다. 16세기와 17세기에는 전국에 걸쳐 초중등교육을 위한 학교들이 세워졌다. 19세기 후반 에스토니아나 라트비아의 교육적 성공에 비교하면 리투아니아의 교육은 침체되어 있었다. 1923년 말 인구조사에 따르면 인구의 3분의 1 정도가 문맹이었다. 당시 라트비아의 문맹률이 14.3%, 에스토니아는 5.6%인 것에 비교하면 매우 높은 수치였다.[2] 그러나 1930년대 말 초등교육은 발트 국가들에서 일반화되었다.

2) Kiaupa, Zigmantas, Ain Maesalu, Ago Pajur, & Gvido Straube, 2002, *The History of the Baltic Countries* (3rd ed.), Nallinn: Avita, p.153.

소비에트 시대에 체계화된 교육 시스템은 발트 국가들에서도 국민들의 교육 수준을 증가시키는 데 많은 도움을 주었다. 독일식 교육 체계를 모델로 삼은 소비에트 교육 체계는 직업교육을 강조하는 경향이 컸다. 학생들은 기본적인 교육을 완성한 후에 보편적인 교육을 계속 받거나 직업교육을 받는 것을 선택할 수 있었다. 현재 대부분의 학생들은 직업교육보다는 보편교육을 계속 받기를 선호한다.

발트 국가에서 교육은 자국어로 진행된다. 이러한 제도는 자국 민족이 80% 이상을 차지하는 리투아니아에서는 그다지 문제가 되지 않는다. 하지만 러시아어 사용 민족이 상당수를 차지하고 있는 에스토니아와 라트비아에서는 이것이 상당히 심각한 긴장을 야기하고 있다. 두 나라는 러시아로부터 독립한 이후 자국 내 다수의 러시아인들을 고려하여 소수민족이 자기들의 언어로 배울 수 있는 학교를 허용해 왔다. 그러나 최근 들어 각국은 언어적 소수자들이 국가 언어를 제1언어로 하는 수업을 듣도록 강요하고 있다. 라트비아에서는 2004년 9월부터 언어적 소수민족 학교에서 수업의 60% 이상을 라트비아어로 가르치게 하고 있다. 이에 대해 러시아어 사용자들은 즉각 인종차별과 민족적 극단주의라고 비난하고 나섰다. 에스토니아에서도 모든 학생들이 에스토니아어를 유창하게 구사하도록 하는 유사한 개혁을 실시하였다. 2007년부터 에스토니아에서도 러시아어 학교의 교과 과정 60%를 에스토니아어로 가르치도록 결정했다. 러시아인 공동체에서는 당연히 이에 대해 못마땅해 하지만, 많은 러시아 부모들은 자녀들이 완전한 에스토니아나 라트비아 시민이 되게 하기 위해서 이를 준비시키고 있다.

2. 발트 국가의 의료 현황

1) 리투아니아의 의료 현황

Total population	3,287,000
Gross national income per capita(PPP international $)	17,170
Life expectancy at birth m/f(years)	68/79
Probability of dying under five(per 1000 live births)	6
Probability of dying between 15 and 60 years m/f(per 1000 population)	274/95
Total expenditure on health per capita(Intl $, 2009)	1,097
Total expenditure on health as % of GDP(2009)	6.6
Figures are for 2009 unless indicated.	

Source: Global Health Observatory.

Population data(in thousands)	2010	2009	2008	2007	2006	2000	1990	1980
Total population	3,255	3,287	3,321	3,356	3,389	3,501	3,698	3,413
Live births	32	32	31	31	31	34	55	53
Surviving infants	31	31	31	31	31	33	54	52
Pop. less than 5 years	153	152	151	151	152	186	290	259
Pop. less than 15 years	476	490	507	528	550	699	834	804
Female 15-49 years	815	833	850	867	880	885	924	886

United Nations, Population Division, The World Population Prospects—the 2008 revision, New York, 2009.

(1) 기대수명(Life expectancy at birth)

세계보건기구는 2009년 리투아니아의 기대수명을 평균 73세(남성 68세, 여성 79세)로 보고하고 있다. 이는 유럽 전체 평균 기대수명과 비슷한 수치이나, 유럽 선진국에 비해서는 낮다. 리투아니아인들은 평균 8.6년, 기대수명의 약 12%(남성 7.3년, 여성 9.9년)를 질병으로 보낸다. 다시 말해 기대수명의 88%를 건강한 삶을 살 수 있다. 리투아니아는 다른 발트 국가들과 마찬가지로 건강수명(disability adjusted life expectancy)의 남녀차이가 크다. 이는 여성의 기대수명이 남성에 비해 상당히 높기 때문이다. 그러나 60세 이상 연령층의 경우 건강수명이 남성 12.0세, 여성 16.2세로 성별차가 다소 줄어든다.

리투아니아의 기대수명은 1980년 이래로 약 30년 동안 평균 3년 정도 연장되는 데 그치고 만다(1980년 기대수명 남성 65.4세, 여성 75.4세; 2009년 기대수명 남성 68세, 여성 79세). 이는 유럽 선진국 기대수명 평균 증가 수치(5~6년)에 못 미치는 수준이다.

(2) 주요 사인

2003년 리투아니아의 사망률은 유럽 선진국들에 비해 남녀 각각 76%, 37% 높다. 주요 사인은 80%가 비전염성 질환에 의한 것이다. 이중 52%는 순환기질환에 기인한 것이고, 19%는 암이 그 원인이다. 15%는 외부 요인, 1%는 전염성 질환에 기인한다.

심혈관질환에 의한 사망률은 유럽 평균에 비해 다소 낮으나 암에 의한 사망률은 높다. 그러나 유럽 선진국에 비해서는 심혈관질환과 암에 의한 사망률 모두 높다.

리투아니아는 외부 요인과 중독에 의한 사망률 모두 유럽 선진국에 비해 높은데, 남성 30~59세의 경우 5배 높으며, 여성 45~59세의 경우 4.5배 높다. 특히 교통사고에 의한 사망률이 매우 높아 세계보건기구 유럽국가들 중에서는 러시아 다음이다. 우발적인 익사의 경우도 벨라루스, 러시아에 이어 세 번째로 높다.

Ten leading disability groups as percentages of total disability-adjusted life-year(DALYs) for both sexes in Lithuania(2002)

Rank	Males		Females	
	Disability groups	Total DALYs(%)	Disability groups	Total DALYs(%)
1	Cardiovascular diseases	21.9	Cardiovascular diseases	22.5
2	Unintentional injuries	18.1	Neuropsychiatric conditions	21.2
3	Neuropsychiatric conditions	14.7	Malignant neoplasms	13.4
4	Malignant neoplasms	11.7	Sense organ diseases	6.8
5	Intentional injuries	10.4	Musculoskeletal diseases	6.6
6	Digestive diseases	4.9	Unintentional injuries	6.5
7	Sense organ diseases	3.8	Digestive diseases	5.3
8	Musculoskeletal diseases	2.8	Intentional injuries	3.2
9	Respiratory diseases	2.5	Respiratory diseases	2.4
10	Infectious and parasitic diseases	2.4	Nutritional deficiencies	2.1

Source: Background data from WHO(2003c).

Ten leading risk factors as causes of disease burden measured in disability-adjusted life-year(DALYs) in Lithuania(2002)

Rank	Males		Females	
	Risk factors	Total DALYs(%)	Risk factors	Total DALYs(%)
1	Alcohol	22.1	High blood pressure	14.1
2	Tobacco	18.5	High cholesterol	9.3
3	High blood pressure	12.2	High BMI	8.3
4	High cholesterol	9.1	Alcohol	5.1
5	High body mass index(BMI)	5.8	Low fruit and vegetable intake	4.9
6	Low fruit and vegetable intake	5.7	Physical inactivity	4.2
7	Physical inactivity	3.7	Unsafe sex	2.8
8	Illicit drugs	1.2	Tobacco	2.1
9	Occupational risk factors for injuries	1.2	Childhood sexual abuse	1.0
10	Lead	1.1	Lead	0.8

Source: Background data from WHO(2003c).

① 심혈관질환

심혈관질환은 리투아니아에서 주요 사망 요인으로 분석되고 있다. 전체 사망의 절반 이상이 이 질병에 기인하는데, 남성 15세 이하, 여성 30세 이하를 제외하면 유럽 선진국에 비해 2배 정도 높고, 심지어 30~59세 연령층의 경우는 3배 이상 높다. 특히 허혈성 심장질환의 경우 전체 사망의 23%를 차지할 만큼 심각하다.

② 암

암에 의한 사망률은 약 25% 정도로 유럽 평균에 비해 높으나, 75세 이하 전 연령층에서 점차 감소하고 있는 추세이다. 하지만 남성 45세 이상, 여성 30세 이상 연령층의 경우 유럽 평균을 상회하고 리투아니아 성인 남녀 전체의 암에 의한 사망률은 1980년 이래 지속적으로 증가하고 있다.

(3) Health profile

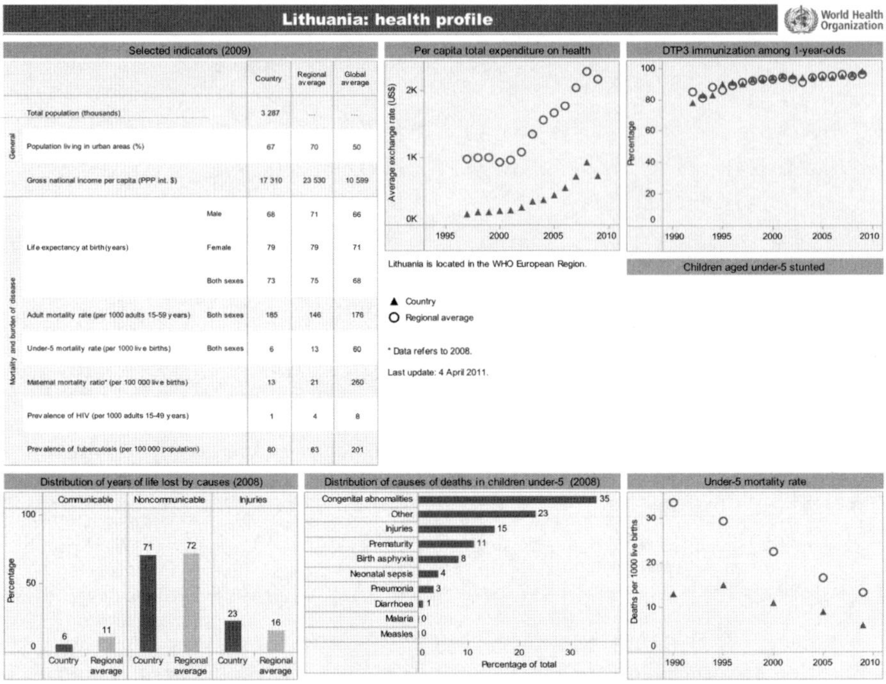

			Country	Regional average	Global average
General	Total population (thousands)		3 287	...	...
	Population living in urban areas (%)		67	70	50
	Gross national income per capita (PPP int. $)		17 310	23 530	10 599
Mortality and burden of disease	Life expectancy at birth (years)	Male	68	71	66
		Female	79	79	71
		Both sexes	73	75	68
	Adult mortality rate (per 1000 adults 15-59 years)	Both sexes	185	146	176
	Under-5 mortality rate (per 1000 live births)	Both sexes	6	13	60
	Maternal mortality ratio* (per 100 000 live births)		13	21	260
	Prevalence of HIV (per 1000 adults 15-49 years)		1	4	8
	Prevalence of tuberculosis (per 100 000 population)		80	63	201

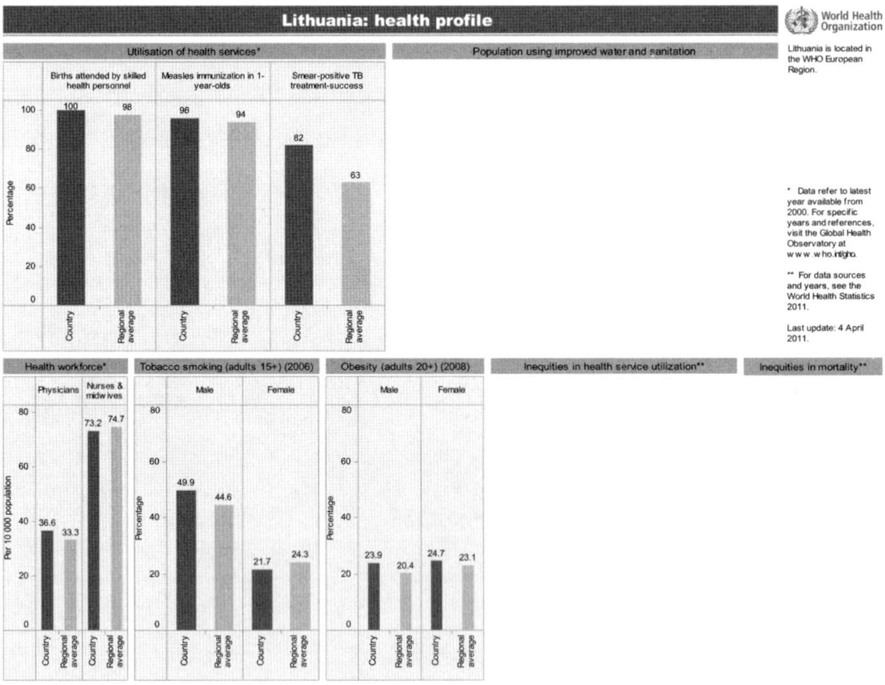

출처: WHO(World Health Organization), Country health profile.

2) 라트비아의 의료 현황

Total population	2,249,000
Gross national income per capita(PPP international $)	16,010
Life expectancy at birth m/f(years)	67/77
Probability of dying under five(per 1000 live births)	8
Probability of dying between 15 and 60 years m/f(per 1000 population)	284/105
Total expenditure on health per capita(Intl $, 2009)	996
Total expenditure on health as % of GDP(2009)	6.5
Figures are for 2009 unless indicated.	

Source: Global Health Observatory.

Population data(in thousands)	2010	2009	2008	2007	2006	2000	1990	1980
Total population	2,240	2,249	2,259	2,269	2,280	2,374	2,663	2,512
Live births	24	23	23	23	22	19	36	36
Surviving infants	24	23	23	22	22	19	35	36
Pop. less than 5 years	114	112	109	107	104	96	208	173
Pop. less than 15 years	310	310	311	315	322	423	571	513
Female 15-49 years	563	571	577	583	587	591	651	648

United Nations, Population Division, The World Population Prospects–the 2008 revision, New York, 2009.

(1) 기대수명(Life expectancy at birth)

세계보건기구는 2009년 라트비아의 기대수명을 72세(남성 67세, 여성 77세)로 보고하고 있다. 2002년 통계에 따르면 유럽 선진국에 비해 남성 기대수명은 무려 10년, 여성은 5년이 짧다. 라트비아의 기대수명은 1980년 이래로 평균 3년 정도 연장되는 데 그치고 만다(1980년 기대수명 남성 63.7세, 여성 74.2세). 이는 유럽 선진국 기대수명 평균 증가 수치(5~6년)에 못 미치는 수준이다.

세계보건기구에 따르면 2003년 라트비아인들은 평균 7.5년(기대수명의 10.4%)을 질병으로 보낸다. 다시 말해 라트비아인들은 기대수명의 89%를 건강하게 살 수 있다. 라트비아는 다른 발트 국가들과 마찬가지로 건강수명(disability adjusted life expectancy)의 남녀차이가 큰데, 이는 여성의 기대수명이 남성에 비해 월등히 높기 때문이다. 2003년 세계보건기구가 보고한 라트비아 남녀 건강수명의 차이는 9.2년으로 세계보건기구 유럽 지역에서 러시아(11.5년), 에스토니아(9.8년) 다음 세 번째로 높다.

(2) 주요 사인

2003년 라트비아 전체 사망의 78%는 비전염성 질환에 의한 것인데, 이 중 53%는 순환기 질환에 의한 것이고, 17%는 암에 기인한다. 외부 요인에 의한 사망은 전체 사망의 12%이다. 이는 주로 흡연에 기인하는데 라트비아 남성의 50%, 여성의 20% 이상이 매일 흡연하는 것으로 나타나고 있다. 또한 어린이와 청소년들의 약물, 알코올 남용은 큰 사회 문제로 부각되고 있다. 라트비아의 경우 전염성 질환에 의한 사망률이 상대적으로 매우 높은데 UNAIDS에 따르면 라트비아 15~49세 연령층에서 후천성면역결핍증에 걸린 인구가 0.8%에 달할 정도이다.

최근 조사에 따르면 라트비아 사망률은 유럽 선진국에 비해 남성은 88%, 여성은 61% 높다. 이는 전 연령층에서 볼 수 있는 현상이다.

심혈관질환에 의한 사망률은 유럽 평균에 비해 낮으나 암에 의한 사망률은 다소 높고 외부 요인과 중독에 의한 사망률은 비슷한 수치를 보이고 있다. 하지만 유럽 선진국에 비해서는 모두 높다.

Ten leading disability groups as percentages of total disability-adjusted life-year(DALYs) for both sexes in Latvia(2002)

Rank	Males		Females	
	Disability groups	Total DALYs(%)	Disability groups	Total DALYs(%)
1	Cardiovascular diseases	26.4	Cardiovascular diseases	28.2
2	Unintentional injuries	17.3	Neuropsychiatric conditions	19.6
3	Neuropsychiatric conditions	15.8	Malignant neoplasms	11.9
4	Malignant neoplasms	11.0	Unintentional injuries	6.9
5	Intentional injuries	7.0	Sense organ diseases	6.4
6	Digestive diseases	4.6	Musculoskeletal diseases	6.0
7	Sense organ diseases	3.5	Digestive diseases	4.7
8	Infectious and parasitic diseases	3.1	Intentional injuries	2.4
9	Musculoskeletal diseases	2.5	Infectious and parasitic diseases	2.2
10	Respiratory diseases	1.9	Respiratory diseases	2.0

Source: Background data from WHO(2003c).

Ten leading risk factors as causes of disease burden measured in disability-adjusted life-year(DALYs) in Latvia(2002)

Rank	Males		Females	
	Risk factors	Total DALYs(%)	Risk factors	Total DALYs(%)
1	Alcohol	21.9	High blood pressure	15.3
2	Tobacco	19.3	High cholesterol	11.5
3	High blood pressure	12.9	High BMI	9.6
4	High cholesterol	10.6	Alcohol	6.7
5	Low fruit and vegetable intake	6.6	Low fruit and vegetable intake	6.1
6	High body mass index(BMI)	6.4	Physical inactivity	4.7
7	Physical inactivity	4.1	Tobacco	2.5
8	Illicit drugs	2.5	Unsafe sex	2.3
9	Occupational risk factors for injuries	1.1	Illicit drugs	1.2
10	Lead	1.0	Childhood sexual abuse	0.9

Source: Background data from WHO(2003c).

① 심혈관질환

라트비아 사망의 절반 이상은 심혈관질환에 기인한다. 1990년대 중반 이래로 1/4 정도 감소하였으나, 여전히 15세 이상 연령층의 주요 사인으로 분석되고 있다.

허혈성 심장질환의 경우 2003년 라트비아 전체 사망의 26%를 차지할 만큼 단일 질환으로는 가장 치명적이다. 전반적으로 허혈성 심장질환과 뇌혈관질환에 의한 사망률은 감소 추세에 있으나, 30~44세와 70세 이상 연령층을 제외하면 1990년대 이래로 지속적으로 증가하고 있다.

② 암

라트비아에서 암에 의한 사망률은 전체 1/6을 차지하나 75세 이하 모든 연령층에서 감소 추세에 있다. 그러나 1980년대 이후 75세 이상 남녀 모두 암에 의한 사망률이 증가하고 있다.

(3) 라트비아의 보건 개혁과 문제점

2001년부터 채택된 국가공중보건전략은 2010년까지 국민 건강 향상, 보건 불평등 감소, 건강한 라이프스타일 증진, 표준 삶의 질 향상, 공중 보건과 건강 개선을 위한 인적 자원 증진, 위생 연구 증진, 보건 분과별 협력 증진 등 21가지 목표를 달성하는 데 주안점을 둔 보건 계획이다.

라트비아 정부는 국내 정책에서 부패 척결, 경제 성장과 함께 보건의료제도 정착을 최우선 과제로 삼았다. 과거 10년간의 정책을 계승 실천하는 데 주안점을 둔 라트비아의 보건정책은 공중 보건과 1차 의료기관 강화 그리고 2, 3차 의료기관 개혁을 주요 요소로 하고 있다. 1차 의료 서비스와 사회 원조를 강화하고 몇몇 소규모 지방 병원들을 장기 사회보호시설로 전환하여 전체적으로 병상수를 감소시키는 등 병원 분야 개혁에 있어 긍정적인 방향으로 진행되고 있다. 또한 정부는 라트비아의 모든 국민에게 광범위한 의료 혜택을 주기 위해 노력하고 있다.

제약 분야에 있어서도 비약적인 발전을 하고 있다. 제약 분야는 기본적으로 EU법과 이와 관련된 여러 요건들에 의해 통제되고 있으며 EU는 이에 대해 실질적인 지원을 하고 있다.

2005년 라트비아 내각은 '2006~2015 보건의료인력 개발 정책'을 승인하였다. 그러나 1990년대 초 감소한 의사와 간호사의 수는 여전히 EU 평균을 밑돌고 있으며, 의료인력 공급은 지역적으로 그리고 과목별로 매우 불균형한 상태이다.

라트비아가 해결해야 할 보건 문제들을 요약해 보면 다음과 같다.

- 수년간 부적절하게 제공된 보건 자금
- 높은 인플레이션에 따른 보건비와 약제비 증가
- 의료 서비스의 높은 사용자 부담
- 생활양식과 관련 있는 위험요소들의 확대
- 건강 증진과 질병 예방을 위한 자금의 부적절한 조달
- 인구 고령화
- 보건 시스템 수준 간의 부조화
- 보건 분야 인적 자원의 불균형
- 잦은 정권 교체에 따른 정책 지속성 결여

(4) Health profile

Latvia: health profile

World Health Organization

Selected indicators (2009)

			Country	Regional average	Global average
General	Total population (thousands)		2 249	...	...
	Population living in urban areas (%)		68	70	50
	Gross national income per capita (PPP int. $)		17 610	23 530	10 599
Mortality and burden of disease	Life expectancy at birth (years)	Male	67	71	66
		Female	77	79	71
		Both sexes	72	75	68
	Adult mortality rate (per 1000 adults 15-59 years)	Both sexes	194	146	176
	Under-5 mortality rate (per 1000 live births)	Both sexes	8	13	60
	Maternal mortality ratio* (per 100 000 live births)		20	21	260
	Prevalence of HIV (per 1000 adults 15-49 years)		7	4	8
	Prevalence of tuberculosis (per 100 000 population)		48	63	201

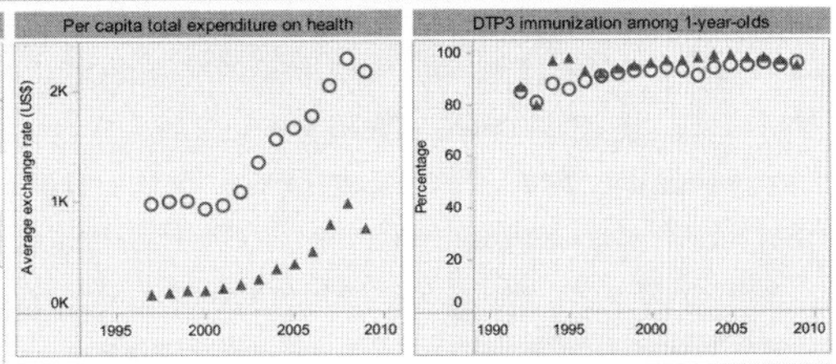

Latvia is located in the WHO European Region.

▲ Country
O Regional average

* Data refers to 2008.

Last update: 4 April 2011.

Children aged under-5 stunted

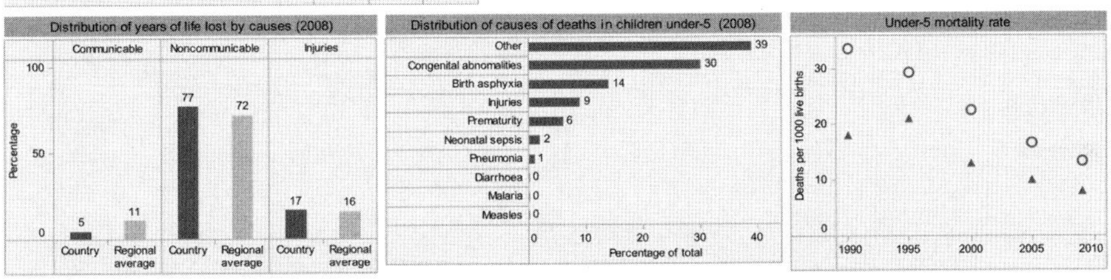

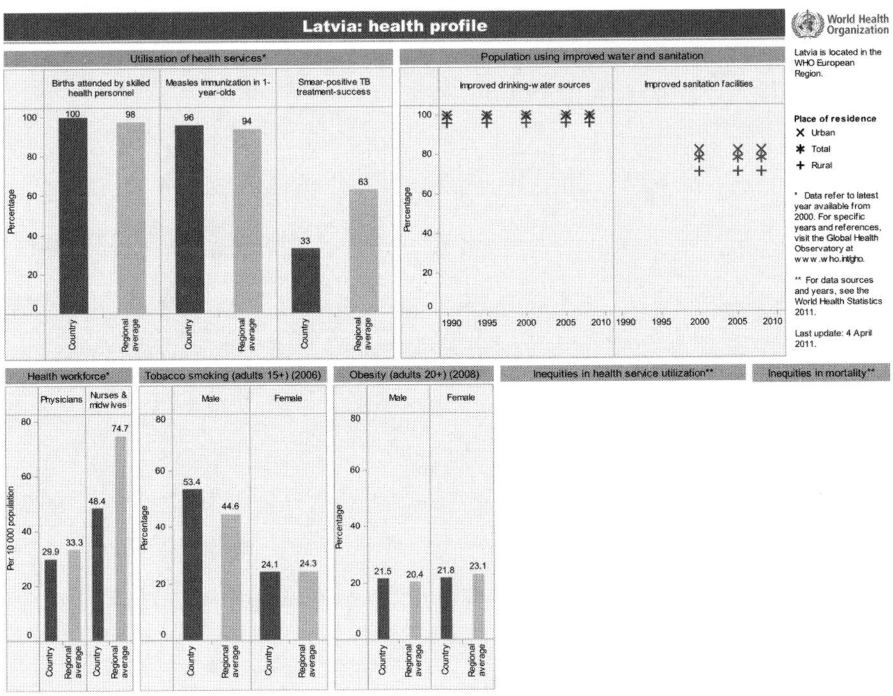

출처: WHO(World Health Organization), Country health profile.

3) 에스토니아의 의료 현황

Total population	1,340,000
Gross national income per capita(PPP international $)	19,320
Life expectancy at birth m/f(years)	70/80
Probability of dying under five(per 1000 live births)	5
Probability of dying between 15 and 60 years m/f(per 1000 population)	234/77
Total expenditure on health per capita(Intl $, 2009)	1,373
Total expenditure on health as % of GDP(2009)	7.0
Figures are for 2009 unless indicated.	

Source: Global Health Observatory.

Population data(in thousands)								
	2010	2009	2008	2007	2006	2000	1990	1980
Total population	1,339	1,340	1,341	1,343	1,345	1,370	1,567	1,473
Live births	17	16	16	15	15	13	21	22
Surviving infants	16	16	16	15	15	12	21	22
Pop. less than 5 years	78	76	73	70	68	63	120	110
Pop. less than 15 years	206	203	201	200	201	249	347	320
Female 15-49 years	326	330	334	338	340	343	381	374

United Nations, Population Division, The World Population Prospects–the 2008 revision, New York, 2009.

(1) 기대수명(Life expectancy at birth)

세계보건기구는 2009년 에스토니아의 기대수명을 75세(남성 70세, 여성 80세)로 보고하고 있다. 이는 유럽 평균보다는 다소 높으나, 유럽 선진국에 비해서는 낮은 수치이다. 에스토니아의 경우 기대수명의 남녀차이가 매우 큰 것이 특징인데, 유럽 지역에서는 러시아 다음으로 크다. 또한 60세 이상 연령층의 건강수명(disability adjusted life expectancy)의 차이는 더욱 크게 벌어지게 된다. 2002년 에스토니아의 건강수명은 기대수명의 90%이다. 즉 전체 수명에서 질병으로 약 7년(남성 5.9년, 여성 9.8년)을 소비하고 있다.

2002년의 기대수명은 1981년에 비해 남성 1.3년, 여성 3.1년 증가하는 데 그쳤지만(1981년 남성 64세, 여성 74세), 이후 최근까지 급격한 증가세를 보이고 있다. 국민 수명이 연장되어 감에 따라 노인성 질환과 만성질환 등의 예방과 관리에 장기적인 국가관리 체계가 시급하다.

(2) 주요 사인

에스토니아의 사망률은 유럽 선진국 평균에 비해 남성은 90%, 여성은 50% 높다. 2002년 통계에 따르면 에스토니아 전체 사망의 79%는 비전염성 질환에 의한 것이고 13%는 외부적 요인에 기인한다. 특히 심혈관질환은 에스토니아 전체 사망의 절반을 차지할 정도로 심각하다.

① 심혈관질환

심혈관질환에 의한 사망은 1990년대 중반 이후 약 1/3 정도 감소했음에도 불구하고 여전히 전체 사망의 51%를 차지하고 있다. 특히 30~74세 연령층의 경우 유럽 선진국들에 비해 남성은 3배, 여성은 2.5배 이상 높다. 또한 여성 30~44세 연령층의 경우 1990년대 중반 이후 오히려 사망률이 증가하였다.

허혈성 심장질환은 2002년 에스토니아 전체 사망의 30%를 차지하였으나, 이후 감소 추세에 있다. 이는 뇌혈관질환의 경우에도 유사한 양상을 보이고 있다.

② 암

암은 에스토니아 전체 사망의 1/5을 차지하는 질환이다. 75세 이하 연령층에서 사망률은 감소 추세에 있으나, 전체 남녀 성인의 경우 1980년대 이래로 지속적으로 증가하고 있다.

Ten leading disability groups as percentages of total disability-adjusted life-year(DALYs) for both sexes in Estonia(2002)

Rank	Males		Females	
	Disability groups	Total DALYs(%)	Disability groups	Total DALYs(%)
1	Cardiovascular diseases	23.5	Cardiovascular diseases	25.5
2	Unintentional injuries	20.0	Neuropsychiatric conditions	20.1
3	Neuropsychiatric conditions	13.6	Malignant neoplasms	12.2
4	Malignant neoplasms	10.2	Unintentional injuries	7.6
5	Intentional injuries	7.6	Sense organ diseases	6.7
6	Digestive diseases	4.9	Musculoskeletal diseases	6.4
7	Infectious and parasitic diseases	4.3	Digestive diseases	5.7
8	Sense organ diseases	3.5	Infectious and parasitic diseases	2.9
9	Musculoskeletal diseases	2.5	Intentional injuries	2.4
10	Respiratory infections	2.5	Respiratory diseases	2.0

Source: Background data from WHO(2003c).

Ten leading risk factors as causes of disease burden measured in disability-adjusted life-year(DALYs) in Estonia(2002)

Rank	Males		Females	
	Risk factors	Total DALYs(%)	Risk factors	Total DALYs(%)
1	Alcohol	22.1	High blood pressure	11.9
2	Tobacco	18.0	High cholesterol	10.7
3	High blood pressure	13.0	High BMI	9.3
4	High cholesterol	9.7	Alcohol	6.1
5	High body mass index(BMI)	6.2	Low fruit and vegetable intake	5.7
6	Low fruit and vegetable intake	6.0	Physical inactivity	4.5
7	Physical inactivity	3.8	Tobacco	3.4
8	Illicit drugs	1.5	Unsafe sex	2.2
9	Occupational risk factors for injuries	1.3	Illicit drugs	1.0
10	Lead	1.0	Childhood sexual abuse	0.9

Source: Background data from WHO(2003c).

(3) 에스토니아의 의료 현황 및 개혁

에스토니아는 과거 약 20년 동안 빠르고 성공적으로 보건 시스템을 개혁했다. 개혁은 보건 재정 분야부터 시작되어 의료 서비스 조직을 비롯한 전반적인 관리 체계의 개혁으로 이어졌다.

에스토니아는 1991년 전 국민을 대상으로 소득 수준에 따른 강제 사회 건강보험제도를 중앙 집중화된 단일 건강보험기금으로 운영하고 있다.

건강관리 서비스는 몇몇 분야의 의사들이 서로 직접적으로 보완 관리하며 1차 의료기관을 강화하는 방향으로 재편되었다. 이러한 가정 주치의들은 네트워크를 통해 모든 국민들의 개인 가정의로서 역할을 하고 있다. 이와 동시에 최근 제약 분야에서도 많은 발전이 있었으며, 2, 3차 병원 구조 개혁은 1차 의료기관 개혁을 뒷받침하며 진행되었다. 에스토니아는 성공적으로 중증 의료기관의 과잉 공급을 EU 평균 수준으로 감소시켰으며, 현재 1, 2, 3차 병원 간 지속적인 원조와 협력을 증진시킬 수 있는 네트워크를 발전시키는 데 총력을 기울이고 있다. 공공 보건 분야는 대부분 분산화되어 이에 대한 표준화와 협력을 강화하는 방향으로 개선되고 있다.

EU 가입으로 의료 분야도 국제 수준에 맞도록 향상시켜야 했다. 이에 정부는 국민들의 보건과 삶의 질 증진을 위한 '2009~2020 국가 보건 계획'을 수립하였다.

인적 자원은 수년에 걸쳐 발전해 왔다. 교육기관의 질은 향상되었고 의사와 간호사를 위한 교육 과정도 다양화되었으나 여전히 수적 부족 현상은 해결되지 못했으며 전문가 양성을 위한 교육 활동과 관리 능력도 아직 완성되지 못하였다.

실로 다양한 분야에서 개혁이 이루어지고 있으나, 해결해야 할 에스토니아의 보건 문제들을 종합해 보면 다음과 같다.

- 보건사회부의 역할 증진
- 만성질환의 지속적인 관리 부족
- 공공 보건과 사회적 관리 간의 네트워크 결여
- 보건 분야의 개인부담 비율 증가
- 세입 부족으로 증가하는 국민 보건비용에 대처할 능력 부족
- 다양한 자격을 갖춘 보건 인력 부족
- 보건위생의 생태적 위협
- 인구 증가를 위한 국민들의 참여

(4) Health profile

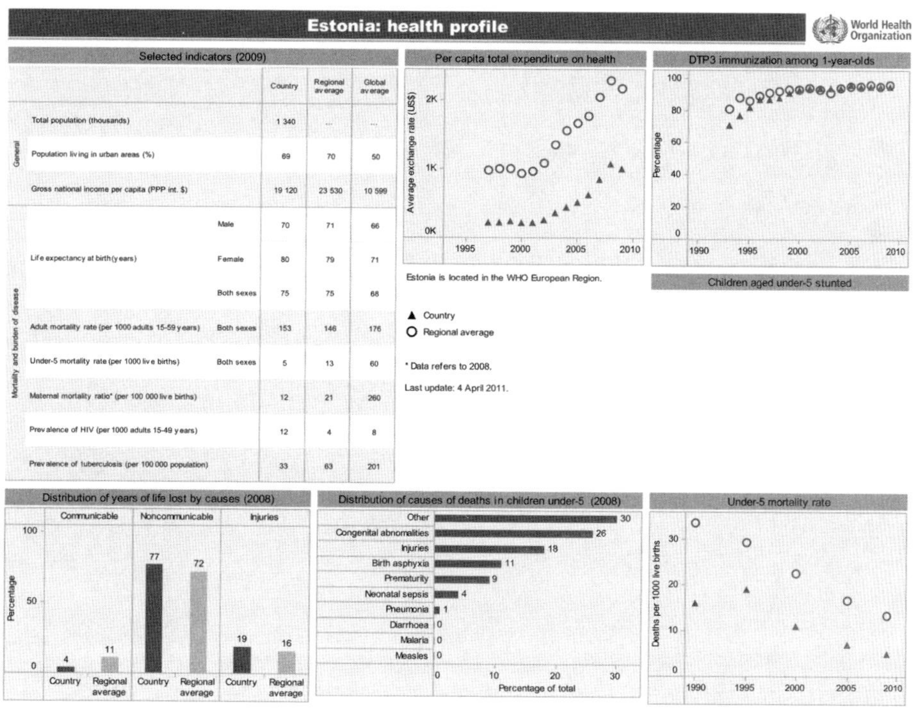

Selected indicators (2009)

			Country	Regional average	Global average
General	Total population (thousands)		1 340	...	...
	Population living in urban areas (%)		69	70	50
	Gross national income per capita (PPP int. $)		19 120	23 530	10 599
Mortality and burden of disease	Life expectancy at birth (years)	Male	70	71	66
		Female	80	79	71
		Both sexes	75	75	68
	Adult mortality rate (per 1000 adults 15-59 years)	Both sexes	153	146	176
	Under-5 mortality rate (per 1000 live births)	Both sexes	5	13	60
	Maternal mortality ratio* (per 100 000 live births)		12	21	260
	Prevalence of HIV (per 1000 adults 15-49 years)		12	4	8
	Prevalence of tuberculosis (per 100 000 population)		33	63	201

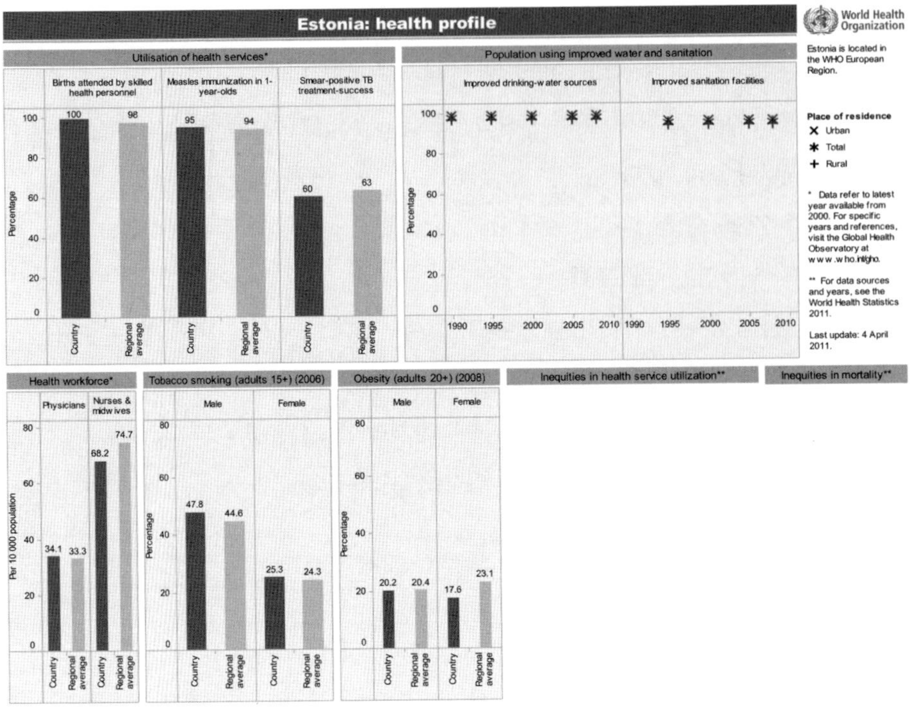

출처: WHO(World Health Organization), Country health profile.

VII. 몽골(Mongolia)

VII. 몽골(Mongolia)

수도	울란바토르
종족구성	몽골족(94.9%), 투르크계(5%)
공용어	몽골어
종교	라마교(50%), 샤머니즘 및 그리스도교(6%), 이슬람교(4%)
통화	투그릭(Tugrik)

1. 몽골의 문화

1) 개요

몽골은 아시아와 중앙아시아에 넓게 자리하고 있는 국가이며, 러시아, 중국과 국경을 접하고 있다. 현재 몽골이 있는 땅은 과거 수많은 유목민들이 통치했던 지역이다. 몽골은 1206년 칭기즈칸(Chingiz Khan)에 의해 건설되었으며, 16, 17세기에는 티베트의 영향 하에 놓였다가 17세기 말 청 왕조 통치 지역으로 합병되었다. 1911년 청나라가 무너진 후 몽골은 독립을 선언했다. 그러나 1921년에 이르러서야 중국으로부터 사실상의 독립을 이루어냈고, 1945년에 국제적 승인을 받았다.[1)]

1) 몽골의 문화 일반에 대해서는 http://en.wikipedia.org/wiki/Mongolia, http://en.wikipedia.ort/wiki/Culture_of_Mongolia, http://en.wikipedia.org/wiki/Naadam을 참조하였음.

그 후 몽골은 소비에트의 영향을 강하게 받았다. 소비에트 연방에 속해 있지는 않았지만, 소비에트를 롤모델로 삼아 문자도 러시아의 키릴문자에 근거해 만들었다. 1924년 몽골인민공화국을 선언한 후 몽골 정치는 당시 소비에트의 정치 유형을 따르기 시작했다. 그러나 1989년 동유럽의 공산주의 체제가 무너지는 것을 목격한 몽골에서도 1990년 초 민주화 혁명이 일어났다. 그 뒤 정치적으로는 다당제 체계를 갖추었으며, 경제적으로는 시장경제로 이행했다.

몽골은 세계에서 19번째로 넓은 땅을 가진 나라이지만 인구밀도는 가장 희박하다. 또한 카자흐스탄에 이어 전 세계에서 두 번째로 큰 내륙 국가이다. 인구의 30%는 유목민 내지 반유목민이다. 지배적인 종교는 티베트 불교이며 몽골인종이 다수를 차지하고 있다.

2) 역사

선사시대 이후 몽골은 유목민의 거주지로서 특정 민족이나 국가가 형성되지 못한 지역이었다. 그러나 12세기 테무진이 나타나 만주에서 알타이 산맥 사이의 모든 몽골 부족을 통합하는 데 성공했다. 1206년 그는 스스로 칭기즈칸이라 칭하며 대대적인 군사 원정을 단행했고, 아시아 대부분의 지역을 휩쓸고 만들어진 몽골제국은 인류 역사에서 가장 큰 제국이 되었다. 그의 계승자들에 의해 몽골제국은 서쪽의 폴란드에서 동쪽의 한국까지, 북쪽의 시베리아에서 남쪽의 오만 만과 베트남까지 확장되었다.

칭기즈칸이 사망한 이후 제국은 네 개의 왕국으로 분리되었는데, 그중 몽골과 중국을 포함하고 있는 대한국(Great Khanate)은 칭기즈칸의 손자인 쿠빌라이 칸(Khubilai Khan)이 통치했다. 1386년 명왕조가 등장하면서 몽골 왕실은 북쪽으로 도망갔다. 1636년 마지막 몽골 칸이 사망한 후 대부분의 내몽골 부족은 청 왕조를 설립한 만주족에게 항복했다. 반면 외몽골에는 상대적으로 자치권이 주어졌다. 만주족은 중국인들이 이 지역으로 대거 이주하는 것을 막으면서 몽골이 자신들의 문화를 지키도록 해주었다.

청 왕조가 무너진 후 1911년 몽골은 독립을 선언했다. 그러나 새로 설립된 중화인민공화국은 몽골을 자기 영토의 일부라고 주장했다. 1919년 중국 군대가 몽골을 점령하자 볼셰비키 러시아는 몽골 공산주의 정부와 군대의 설립을 지지해 주기로 결정했다. 1921년 몽골은 다시 한 번 독립을 선언했고, 이 사건으로 인해 몽골과 소비에트는 이후 70년 동안 가까운 우방으로서의 동맹관계를 유지했다.

1920년대 몽골에서는 남성 인구의 3분의 1이 불교승려일 정도로 종교적인 성향이 강한 나라였다. 그러나 1937년 시작된 스탈린의 숙청은 몽골에도 영향을 주어서 종교 지도자를 포함하여 3만 명 이상의 사람이 죽었다. 소비에트가 내몽골을 빼앗을 수도 있다는 위협 때문에 중국은 내몽골의 독립을 인정해야 했다. 1945년 국민투표에서 100%의 지지를 받으며 몽골은 독립을 얻었다.

이후 몽골은 공산주의 국가로서 소련의 영향력 아래에 놓이게 되었다. 그러나 고르바초프(Mikhail Gorbachev)의 등장과 함께 시작된 페레스트로이카(개혁)와 글라스노스트(개방)는 몽골 정치에도 강한 영향을 주어서 평화로운 민주 혁명을 가능하게 했고, 이후 다당제와 시장경제가 도입되었다.

3) 인구

최근 조사에 의하면 몽골의 인구는 3백만 명이 채 안 되며, 전 세계 순위로는 138위를 차지하고 있다. 인구 증가율도 1.2% 정도에 불과해서 세계 19위의 넓은 영토를 가지고 있는 몽골이 처해 있는 가장 심각한 문제는 인구부족 현상이라고 해도 과언이 아닐 것이다. 몽골은 사회주의가 몰락한 이후 심각한 출산율 하락을 경험하였는데, 전 세계 어떤 나라보다 급격한 하락이었다. 1970년에서 1975년 사이의 출산율은 여성 1인당 7.33명이었지만, 2005년에서 2010년 사이에는 1.87명으로 크게 줄어들었다.

인종 구성을 살펴보면 몽골인종이 전체 주민의 95%를 차지하고 있으며, 그중 가장 대표적인 그룹은 할하족이다. 할하족은 몽골인종의 86%이다. 그 외 오이라트, 부랴트, 투르크인, 러시아인, 중국인, 고려인 등이 있다.

몽골의 공식 언어는 몽골어이며 주민의 95%가 사용하고 있다. 문자는 러시아어인 키릴 문자를 사용한다. 러시아어는 가장 많이 사용되는 외국어이며 그 뒤를 영어가 따르고 있다. 한국어 역시 인기를 끌고 있는데, 수만 명의 몽골인들이 한국에서 일을 하고 있기 때문이다.

4) 종교

17세기 티베트 불교가 몽골의 지배 종교가 된 후 전통적인 샤머니즘은 탄압을 받거나 내쫓겼다. 불교는 조각이나 회화 등 종교적인 대상을 창조하는 데 많은 영감을 주었다. 그러나 1930년대 소련의 스탈린 숙청이 시작된 후 몽골인민공화국에서도 불교를 비롯한 모든 형태의 종교는 실질적으로 금지 당했다. 그 후 20세기 내내 공산주의 정부는 몽골인들의 종교 의식을 억압해 왔다. 그들의 주 공격 목표는 이전의 봉건 정부와 긴밀하게 연결되어 있던 티베트 불교였다. 1930년대 700개 이상의 절이 문을 닫았으며, 적어도 만 8천 명의 라마승이 죽음을 당했다. 그러나 1991년 공산주의의 몰락 이후 종교 의식은 다시 합법화되었으며, 티베트 불교는 빠르게 이전의 지위를 회복했다. 2010년 인구조사에 따르면 15세 이상의 몽골인들 53%가 불교도이고 39%는 무신론자이다.

몽골 사람들은 전통적으로 불운을 두려워하며, 여러 가지 좋은 징조와 나쁜 징조들을 믿는다. 그들은 부정적인 것을 말하면 불운이 찾아온다고 생각했다. 유르트(원형 천막) 문지방을 밟고 넘거나 물이나 산을 훼손하는 것은 금기였다. 가족 중에서 위험에 가장 많이 노출되어 있는 사람은 아이들이라고 생각했으며, 따라서 위험을 피하기 위해 남자아이에게 여자 옷을 입히거나 이름을 지어 주지 않는 경우도 많았다. 이름 중에 이름이 없는 사람이라는 뜻의 '네르구이'나 이 아이가 아니다라는 뜻의 '에네비쉬'가 많은 것도 그러한 이유에서이다. "스텝이나 몽골의 부족들은 일생 동안 단 하나의 이름만 받기 때문에 이름을 선택하는 것은 아주 많은 상징을 수반한다. 어린아이에게 주어지는 이름은 그의 성격, 숙명, 운명까지도 결정한다."[2] 밤에 밖에 나갈 때는 숯이나 검댕으로 어린아이의 이마를 칠하는데 그것은 사악한 영혼에게 이 아이가 어린아이가 아니라 이마에 검은 털을 가진 토끼라고 속이기 위해서라고 한다. 따라서 아이들에게 첫 번째 큰 축하행사는 첫 생일이 아니라, 보통 3살에서 5살 사이에 행하는 머리카락을 자르는 날이다.

그 밖에 몽골인들이 믿는 미신 중에는 여행 중에 돌무덤을 만나면 우회해서 가거나 달콤한 음식을 제물로 바치며 앞으로의 여행을 안전하게 해 달라고 비는 것도 있다. 높은 산에 있는 돌무덤의 앞에는 좋은 날씨를 바라거나 불운을 피하기 위해서 제물을 바치기도 한다.

5) 교육

사회주의 기간 동안에 교육은 몽골이 이룬 주요한 성취 중의 하나가 되었다. 문맹은 사실상 사라졌으며, 아이들이나 유목민 가족을 위한 기숙학교도 만들어졌다. 초중등 교육은 이전에는 10년으로 되어 있었지만 11년으로 늘어났다. 2008년 이후에는 12학년제가 도입되었다.

---

2) Weatherfore, Jack, 2004, *Genghis Khan and the Making of the Modern World*, New York: Three Rivers Press, p.14.

6) 문화

몽골의 문화는 몽골 유목민의 영향을 강하게 받았으며, 그 밖에 티베트와 티베트 불교, 중국의 영향을, 20세기 이후에는 러시아의 영향을 받았다. 몽골인들의 정서에서 중요한 부분을 차지하는 것이 부모에 대한 사랑과 고향에 대한 그리움이다. 말은 그들의 일상생활이나 예술에서 중요한 역할을 했다. 몽골은 고대부터 많은 영웅들을 가지고 있으며, 그들을 존경해 왔다. 사람들 이름에 영웅을 뜻하는 바토르(baatar)라는 단어가 많이 들어가 있는 것도 이러한 이유에서이다. 몽골의 수도 울란바토르(Ulaanbaatar)에도 이 단어가 들어가 있다. 유르트 혹은 게르(몽골어로 집을 의미)라고 불리는 원형 천막은 몽골인들의 민족적 정체성의 일부이다. 현재에도 몽골 인구의 상당수가 유르트 삶을 고수하고 있다.

몽골은 나무나 물이 부족한 만큼 요리는 육류와 유제품이 대부분이다. 가장 흔한 고기는 양고기이며 남쪽 사막지대에서는 낙타고기가, 북쪽 산악지대에서는 소고기가 함께 나오기도 한다. 유제품은 암말이나 야크, 낙타의 우유로 만들어진다. 인기 있는 요리는 고기만두의 일종인 부즈(buuz)나 후슈르(khuushuur), 고기스튜인 호르호그(khorkhog), 달콤한 비스킷인 부트소그(bootsog) 등이 있다.

몽골인들의 가장 대표적인 전통 축제는 경기라는 뜻을 가진 '나담(Naadam)' 축제이다. 몽골 레슬링, 말 경주, 활쏘기의 세 경기로 이루어진 이 축제는 한여름 전국 각지에서 개최된다. 씨름의 경우 512명 혹은 1,024명의 레슬러가 토너먼트 형식으로 9번 내지 10번의 라운드에 참가한다. 시간제한은 없으며 한 사람이 먼저 땅에 닿으면 끝난다. 각 레슬러에게는 '자술(zasuul)'이라는 격려자가 있는데, 그들은 선수들을 위해 노래를 불러 준다. 말 경주는 2km 내외의 단거리를 달리는 유럽의 경주와는 달리 15~30km를 달리는 크로스컨트리의 특징을 가지고 있다. 전국에서 천 마리까지 말이 참가할 수 있다. 활쏘기는 하나의 과녁을 쏘기도 하고 벽 위에 있는 수많은 과녁을 쏘기도 한다. 남녀 10명씩 팀을 이뤄 참가하며 각자 4개의 활이 주어진다. 남자는 75m 거리에서 쏘고 여자는 65m 거리에서 쏜다. 승리자에게는 '국민 사격수'라는 호칭이 주어진다.

2. 몽골의 의료 현황

Total population	2,671,000
Gross national income per capita(PPP international $)	3,470
Life expectancy at birth m/f(years)	65/74
Probability of dying under five(per 1000 live births)	29
Probability of dying between 15 and 60 years m/f(per 1000 population)	305/141
Total expenditure on health per capita(Intl $, 2009)	167
Total expenditure on health as % of GDP(2009)	4.7

Figures are for 2009 unless indicated.

Source: Global Health Observatory.

Population data(in thousands)	2010	2009	2008	2007	2006	2000	1990	1980
Total population	2,701	2,671	2,641	2,611	2,581	2,389	2,216	1,663
Live births	51	50	50	49	48	47	71	64
Surviving infants	49	48	48	47	46	44	66	59
Pop. less than 5 years	238	234	229	223	219	238	354	273
Pop. less than 15 years	691	695	701	709	720	831	924	718
Female 15-49 years	832	824	814	802	788	662	524	387

United Nations, Population Division, The World Population Prospects–the 2008 revision, New York, 2009.

1) 기대수명(Life expectancy at birth)

세계보건기구에 따르면 2009년 몽골의 기대수명은 69세(남성 65세, 여성 74세)로 세계 평균과 비슷한 수준(세계 평균수명 2009년 68세/남성 66세, 여성 71세)이며, 지역 평균[3]과 비교해 보면 매우 낮은 수준(지역 평균수명 2009년 75세/남성 72세, 여성 77세)이다.

2) 인구

2009년 몽골 인구는 267만 명으로, 인구밀도는 km^2당 1.7명이다. 인구 구조를 살펴보면 15세 미만 27.6%, 15~64세 68.4%이고, 65세 이상 인구는 약 4%에 불과하다. 도시 거주민은 57%로 조사되고 있다.

몽골의 인구 성장률은 1990년 2.7%에서 2003~2006년 1.17%로 감소하였으나, 2009년에

3) 세계보건기구에서 몽골은 서태평양 지역으로 분류되어 있다.

는 1.96%를 기록하여 2007~2009년 동안에 0.3~0.8% 정도 증가하였다.

최근 몇 년간 사회 경제 발전에 따른 도시 인구 유입이 증가되어, 2008년에는 전체 인구의 38.6%가 지방에 거주하였으나, 2009년에는 36.6%로 지방 인구 감소세가 뚜렷하다.

3) 건강 상황

전염성 질환 및 호흡기질환으로 인한 사망자가 감소하는 동안 심혈관질환, 암, 상해 및 중독으로 인한 사망률이 증가하고 있다. 1990년대 말의 경우 상해와 중독으로 인한 사망이 호흡기질환에 기인한 사망률을 넘어서고 있다.

2005년과 2009년 몽골 보건부 조사에 따르면 비전염성 질환을 일으키는 위험요소들로 흡연, 알코올 남용, 과체중 및 비만 등을 지적하고 있는데 여전히 해결되지 못하고 있는 문제들이다.

전체 38,859가지의 전염병 발생 비율은 2008년 인구 10,000명당 164.7명에서 2009년 146.1명으로 감소하였다. 성병 감염(43.8%), 바이러스성 간염(17.7%), 결핵(10.8%)과 호흡기 감염(10.0%)이 가장 일반적인 전염병들이다. 특히 결핵 발생 비율은 매우 높아 발생률이 인구 100,000명당 79명이었던 1990년에 비해 2000년 1.5배(125명), 2004~2006년에는 무려 2~2.5배 증가하였다. 그러나 2007년 이래 감소 추세로 돌아서서 2008년에는 159명, 2009년 156명으로 보고되었다.

4) 주요 사인

1990년 이후 질병 상태와 사망률 패턴에 많은 변화가 있었다. 순환계질환, 암 및 상해 등 생활방식으로 인한 질환들이 사망과 발병의 주요 원인으로 분석되고 있다. 일반적인 위험 요인으로 흡연, 알코올 남용, 불건전한 식습관, 운동 부족 등을 들 수 있다.

2009년 인구 10,000명당 주요 사망률을 살펴보면 순환기질환 21.7명, 종양 11.89명, 상해 및 중독 8.71명, 소화기질환 4.84명, 호흡기질환 2.27명이다. 2009년 통계에 의하면 심혈관질환(38.8%), 암(20.8%), 상해 및 중독(15.2%)이 전체 사망의 74%를 차지하고 있다. 매년 전체 사망의 약 1/3인 5,500~6,000명이 사망하는 순환계질환이 가장 큰 사망 요인으로 분석되고 있으며, 남성 10,000명당 24.19명, 여성 18.76명이 이 질환으로 사망한다. 상해 및 중독에 의한 사망률은 최근 급격히 증가해 2000년 이후 세 번째 주요 사인으로 분석되고 있다. 2000년 인구 10,000명당 7.6명에서 2008년 9.33명으로 증가하고, 2009년에는 8.71명으로 최근 10년 동안 처음으로 감소 추세를 보였다. 연령별로는 20~24세 남성의 사망률이 가장 높다.

5) 몽골의 보건 시스템

(1) 당면과제

몽골의 보건부는 보건 정책을 수립하고 각 기관들의 활동을 규제 및 감독하고 있는 중앙 행정기관으로 양질의 고른 의료 서비스를 보장하기 위해 노력하고 있으며, 특히 취약 계층의 건강 문제를 해결하고 의료인력을 증진하는 데 힘쓰고 있다.

따라서 몽골의 보건부는 국제 기준에 맞게 의료 서비스의 질을 높여 더 나은 공중 보건 서비스와 보건 예방 조치를 취하기 위해 다음과 같은 목표를 정하고 있다.

- 보건법과 정책에 대한 중장기 전략 수립
- 공공 행정 및 인적 자원 관리에 있어 리더십과 효율성, 투명성 확보
- 국민 건강 증진을 위한 공중 보건 서비스 정책의 관리 조정
- 보건 부분의 건전한 재정 지원
- 제약 및 의료 용품 정책에 대한 관리 조정
- 보건 정책의 국제 협력 증진

(2) 의료시설 현황

2009년 현재 16개 전문 병원, 4개 지역 진단 및 치료센터, 17개 아이막[4] 일반 병원, 12개 지역 종합 병원, 6개 지방 종합 병원, 277개 숨 병원, 18개 마을 병원, 226개 가정 진료소, 1,082개의 개인 병원과 클리닉에서 의료 서비스를 제공하고 있다.

(3) 보건 정책

2001년 11월 승인된 국가 보건 정책에 몽골의 주요 보건 원칙이 규정되어 있다. 이는 몽골 미래 보건 부문의 방향을 포괄적으로 나타내는 최초의 문서로 2006년에서 2015년까지

4) 몽골의 행정 구역. 몽골은 21개의 아이막(aimag)과 그 하위 단위인 315개의 숨(sum, soum)으로 구성되어 있다.

장기적인 정책 계획이 포함되어 있다.

2010년까지 사회적으로 접근성이 있고 균형 잡힌 양질의 의료 서비스를 제공하기 위한 마스터플랜을 2007년 제정하여 2015년까지 평균수명 연장, 유아 및 어린이 사망률 감소, 산모 사망률 감소, 영양 상태 증진, 기본적인 위생 향상, HIV/AIDS의 예방, 지속적인 인구 증가, 취약 계층의 개인 건강 지출 감소, 효율적인 의료 시스템 관리, 의료시설 및 기관 증대 등을 목표로 하고 있다.

(4) 보건 예산

2000년에서 2008년까지 몽골의 총 보건 지출 통계를 살펴보면 4.7배가량 증가하였다. 그러나 2009년에는 2008년에 비해 2.4배 감소하였다. 전체 GDP 대비 보건비 지출 비율은 2005~2006년 3.3%로 유지되다가 2008년 3.4%, 2009년 3.8% 증가했다.

2000년에서 2009년 동안 보건 부문 예산은 정부 예산(75.3%)과 건강보험기금(22.0%)이 주요 공급원이다. 최근 경제 위기로 인해 보건 분야 정부 예산 비율은 3.7% 감소하였으나, 건강보험기금 비율은 4.0% 증가하였다.

1994년 도입된 건강보험은 2009년 몽골 전체 인구 77.6%에 적용되고 있으며, 이는 전년 83.2%에 비해 5.6%가량 감소한 수치이다. 건강보험기금 수입 및 지출은 2000년부터 해마다 증가하고 있다. 2009년의 경우 건강보험기금의 83.43% 이상이 입원환자에, 11.07%가 외래환자 치료에 지원되었다.

2009년 몽골의 전체 보건 지출은 1차 치료 23.6%, 2차 치료 31.7%, 3차 치료 21.7%로 분석되고 있다.

(5) 보건 인력

국민 건강을 보호하기 위해 의료 서비스를 개선하고 보건 시스템을 강화하려는 정부의 노력에도 불구하고 인적 자원 부족 현상은 여전히 해결되지 못하고 있다. 특히 지방의 경우 의사들의 전문성과 경험이 매우 부족한 실정이다. 2009년 도시인구 1,000명당 의사 수는 2.57명이다. 지방은 인구 1,000명당 2.75명이고, 4개의 숨(soum)에는 의사가 전혀 없다. 게다가 국제 기준에 비해 매우 왜곡된 의사와 간호사 비율을 보이고 있다(의사 1명당 간호사 1.26명).

6) Health profile

Mongolia: health profile

World Health Organization

Selected indicators (2009)

	Indicator		Country	Regional average	Global average
General	Total population (thousands)		2 671	...	...
	Population living in urban areas (%)		57	48	50
	Gross national income per capita (PPP int. $)		3 330	9 497	10 599
Mortality and burden of disease	Life expectancy at birth (years)	Male	65	72	66
		Female	74	77	71
		Both sexes	69	75	68
	Adult mortality rate (per 1000 adults 15-59 years)	Both sexes	225	116	176
	Under-5 mortality rate (per 1000 live births)	Both sexes	29	21	60
	Maternal mortality ratio* (per 100 000 live births)		65	51	260
	Prevalence of HIV** (per 1000 adults 15-49 years)		1	1	8
	Prevalence of tuberculosis (per 100 000 population)		323	160	201

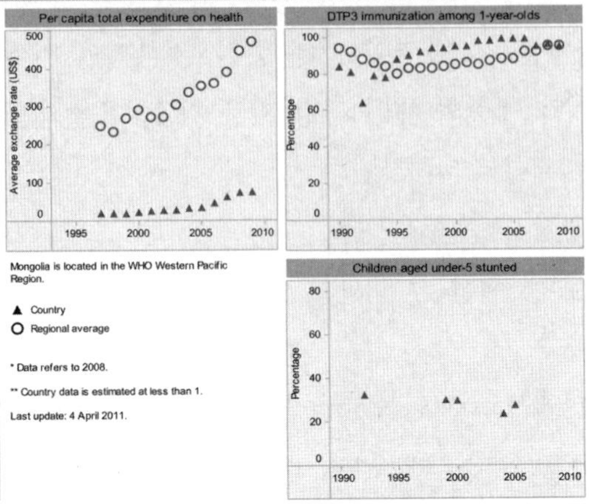

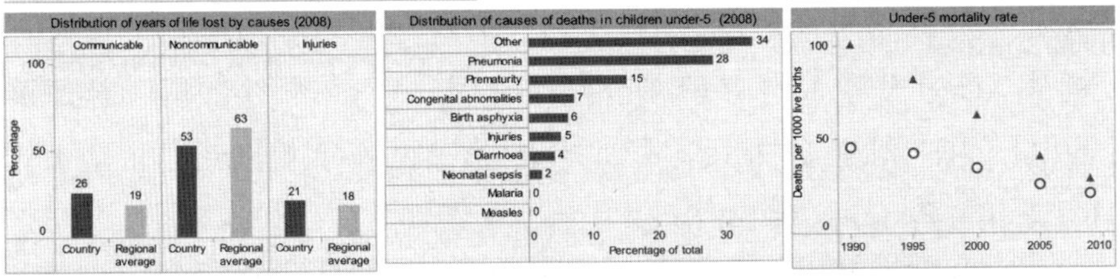

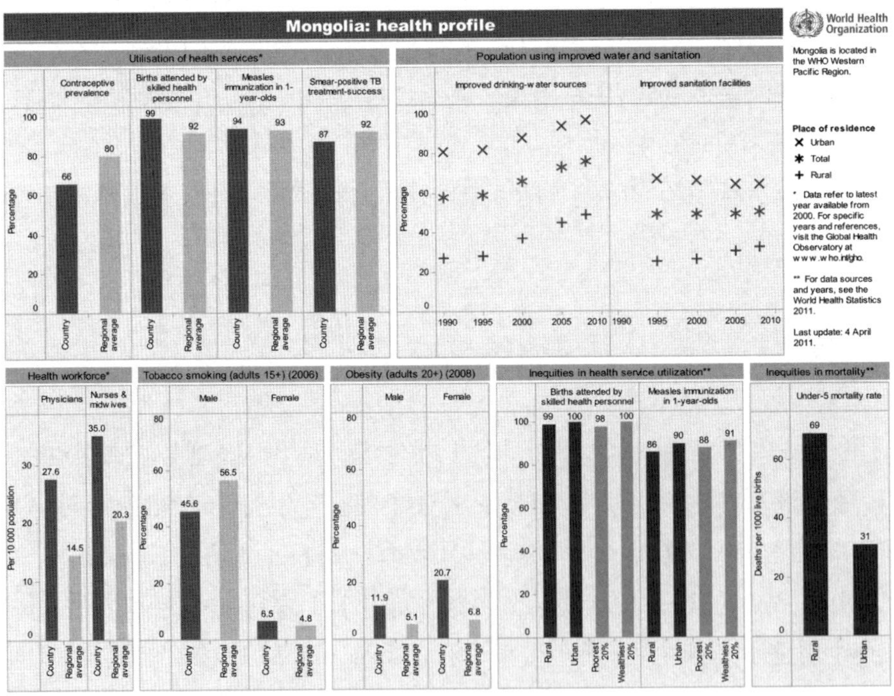

출처: WHO(World Health Organization), Country health profile.

참고문헌

강흥림 · 김용연 · 정진수 · 홍승욱, 2010, 『의료관광 코디네이터 실무론』, 소화.

백광, 2005, 「외국의 의료관광 추진 현황 및 시사점」, 한국관광공사.

서병로 · 강한승 · 김기홍, 2009, 『의료관광산업』, 대왕사.

우봉식 · 강한승, 2010, 『의료관광 산업개론』, 대왕사.

조구현, 2010, 『의료관광(Medical Tourism)의 이해』, 기문사.

Abazov, Rafis, 2007, *Culture and Customs of the Central Asian Republics*, Westport: Greenwood Press.

Axell, Albert, 2002, *Russia's Heroes, 1941-1945*, Carroll & Graf Publishers.

Dudwick et al., *Ukraine: Gender Review*.

Helbig, A., O. Buranbaeva, & V. Mladineo, 2009, *Culture and Customs of Ukraine*, Westport: Greenwood Press.

Kiaupa, Z., A. Maesalu, A. Pajur, & G. Straube, 2002, *The History of the Baltic Countries*, 3rd ed., Nallinn: Avita.

O'Connor, K., 2006, Culture and Customs of the Baltic States, Westport: Greenwood Press.

Roudik, Peter L., 2009, *Culture and Customs of the Caucasus*, Westport: Greenwood Press.

Schultze, Sydney, 2000, *Culture and Customs of Russia*, Westport: Greenwood Press.

Suny, Ronald, 1993, *Looking toward Ararat: Armenia in Modern History*, Bloomington: Indiana University Press.

Weatherfore, Jack, 2004, *Genghis Khan and the Making of the Modern World*, New York: Three Rivers Press.

Wolowyna, Oleh, 2000, "Abortion in Ukraine: A Health Crisis," *Ukrainian Weekly*, September 3.

Academic American Encyclopedia - Page 172 by Grolier Incorporated.

The Economist Pocket World in Figures, 2002, London: The Economist.

United Nations Development Programme, *Gender Issues in Ukraine: Challenges and Opportunities*, 2003. 10.

UNDP, Human Development Report: *International Cooperation at a Crossroad*, 2005.

United Nations Population Fund, *Country Programme Document for Ukraine*, Rep. DP/FPA/DCP/UKR/ 1, October 18, 2005.

www.who.int

www.medical-korea.org

sakartvelo.ru
www.nukri.org
pharmapractice.ru
www.legendtour.ru
healtharmenia.blogspot.com
www.federalbook.ru
www.medi.az
www.medspravochnik.ru
www.mcfr.ru
www.regnum.ru
www.pharmvestnik.ru
www.polpred.com
http://en.wikipedia.org/wiki/Belarus
http://en.wikipedia.org/wiki/Belarusian-culture
http://en.wikipedia.org/wiki/Culture_of_Mongolia
http://en.wikipedia.org/wiki/Mongolia
http://en.wikipedia.org/wiki/Naadam
http://en.wikipedia.org/wiki/Russia
http://www.who.int/gho/countries/rus.pdf
http://www.who.int/gho/countries/ukr.pdf
http://www.who.int/gho/countries/blr.pdf
http://www.who.int/gho/countries/uzb.pdf
http://www.who.int/gho/countries/kaz.pdf
http://www.who.int/gho/countries/kgz.pdf
http://www.who.int/gho/countries/tjk.pdf
http://www.who.int/gho/countries/tkm.pdf
http://www.who.int/gho/countries/geo.pdf
http://www.who.int/gho/countries/arm.pdf
http://www.who.int/gho/countries/aze.pdf
http://www.who.int/gho/countries/ltu.pdf
http://www.who.int/gho/countries/lva.pdf
http://www.who.int/gho/countries/est.pdf
http://www.who.int/gho/countries/mng.pdf

지은이 소개

박혜경

서울대학교 노문학 박사

한림대학교 러시아학과 교수

원석범

모스크바 국립대학교 역사학 박사

한림대학교 의료관광인재양성센터 객원교수

러시아어권 의료관광 문화의 이해

초판 발행 2012년 2월 3일

지은이 박혜경·원석범
펴낸이 고화숙
펴낸곳 도서출판 소화
등록 제13-412호
주소 서울시 영등포구 영등포동 7가 94-97
전화 02-2677-5890
팩스 02-2636-6393
홈페이지 www.sowha.com

ISBN 978-89-8410-428-0 93320

값 15,000원